COLLECTION DES CLASSIQUES POPULAIRES

LE THÉATRE

EN FRANCE AU MOYEN AGE

LES CLASSIQUES POPULAIRES

Publiés sous la direction de M. Emile FAGUET

Prix de chaque volume, broché **1 50**
— — *cart. souple., tr. rouges.* , **2 50**

Chaque volume contient de nombreuses illustrations.

CHATEAUBRIAND, par A. Bardoux, membre de l'Institut, 1 vol.
LAMARTINE, par Edouard Rod, 1 vol.
VICTOR HUGO, par Ernest Dupuy, inspecteur général de l'Enseignement secondaire, 1 vol.
BÉRANGER, par Ch. Causeret, agrégé de l'Université, docteur és Lettres, inspecteur d'Académie.
AUGUSTIN THIERRY, par F. Valentin, agrégé de l'Université, professeur au Lycée Buffon.
MICHELET, par F. Corréard, professeur agrégé d'histoire au lycée Charlemagne, 1 vol.
THIERS, par Edgar Zevort, recteur de l'Académie de Caen, 1 vol.
GUIZOT, par J. de Crozals, professeur à la Faculté des Lettres de Grenoble, 1 vol.
EMILE AUGIER, par H. Parigot, professeur de rhétorique au lycée Janson-de Sailly, 1 vol.
MONTESQUIEU, par Edgar Zevort, recteur de l'Académie de Caen, 1 vol.
LESAGE, par Léo Claretie, agrégé des Lettres, docteur és Lettres.
VOLTAIRE, par Emile Faguet, professeur à la Sorbonne.
ANDRÉ CHÉNIER, par Paul Morillot.
BUFFON, par H. Lebasteur, professeur agrégé des Lettres au Lycée de Lyon, 1 vol.
J.-J. ROUSSEAU, par L. Ducros, professeur à la Faculté des Lettres d'Aix, 1 vol.
BERNARDIN DE SAINT-PIERRE, par de Lescure, 1 vol.
FLORIAN, par Léo Claretie, professeur agrégé des Lettres, docteur és Lettres, 1 vol.
CORNEILLE, par Emile Faguet.
LA FONTAINE, par le même, 2 vol.
MOLIÈRE, par H. Durand, inspecteur général honoraire de l'Université, 1 vol.
BOILEAU, par P. Morillot, professeur à la Faculté des Lettres de Grenoble, 1 vol.
RACINE, par Paul Monceaux, professeur de rhétorique au lycée St-Louis, 1 vol.
RETZ, par Ch. Normand, docteur és Lettres, 1 vol.
Mme DE SÉVIGNÉ, par R. Vallery-Radot, lauréat de l'Académie française, 1 vol.

BOSSUET, par G. Lanson, maître de conférences à l'École normale supérieure, docteur és Lettres, 1 vol.
FÉNELON, par G. Bizos, recteur de l'Académie de Dijon, 1 vol.
LA BRUYÈRE, par Maurice Pellisson, 1 vol.
SAINT-SIMON, par J. de Crozals, professeur à la Faculté des Lettres de Grenoble, 1 vol.
RONSARD, par G. Bizos, 1 vol.
MONLUC, par Ch. Normand, docteur és Lettres, professeur agrégé d'histoire au lycée Condorcet, 1 vol.
RABELAIS, par Emile Gebhart, professeur à la Sorbonne.
MONTAIGNE, par Maxime Lanusse, professeur agrégé au Lycée Charlemagne, 1 vol.
LES CHRONIQUEURS, par A. Deedour, inspecteur général de l'Enseignement secondaire.
Première série : *Villehardouin ;— Joinville*, 1 vol.
Deuxième série : *Froissart ; — Commines*, 1 vol.
LA POÉSIE LYRIQUE EN FRANCE AU MOYEN AGE, par L. Clédat, doyen de la Faculté des Lettres de Lyon, 1 vol.
SHAKESPEARE, par James Darmesteter, professeur au Collège de France, 1 vol.
DANTE, par Edouard Rod, 1 vol.
LE TASSE, par Emile Mellier, inspecteur d'Académie, 1 vol.
GŒTHE, par Firmery, professeur de littérature étrangère à la Faculté des Lettres de Lyon, 1 vol.
CERVANTES, par Lucien Biart, 1 vol.
HOMÈRE, par A. Couat, recteur de l'Académie de Bordeaux, 1 vol.
VIRGILE, par A. Collignon, professeur de rhétorique et maître de conférences à la Faculté des Lettres de Nancy, 1 vol.
PLUTARQUE, par J. de Crozals, professeur d'histoire à la Faculté des Lettres de Grenoble, 1 vol.
DÉMOSTHÈNE, par H. Ouvré, professeur à la Faculté des Lettres de Bordeaux, 1 vol.
CICÉRON, par M. Pellisson, agrégé des Lettres, inspecteur d'Académie, docteur és lettres, 1 vol.
HÉRODOTE, par F. Corréard, professeur agrégé d'histoire au lycée Charlemagne, 1 vol.

Tous les volumes parus ont été honorés d'une souscription du Ministère de l'Instruction publique.

MARTYRE DE SAINTE APOLLONIE
Représentation d'un Mystère au moyen âge, en 1450, d'après une miniature de Jean Fouquet.

COLLECTION DES CLASSIQUES POPULAIRES

LE THÉATRE

EN FRANCE AU MOYEN AGE

PAR

LÉON CLÉDAT

PROFESSEUR A LA FACULTÉ DES LETTRES DE LYON
LAURÉAT DE L'INSTITUT

Ce volume contient une reproduction d'après une miniature
de Jean Fouquet

PARIS
LECÈNE, OUDIN ET Cⁱᵉ, ÉDITEURS
15, RUE DE CLUNY, 15

1896

LE THÉÂTRE

EN FRANCE AU MOYEN AGE

INTRODUCTION

LES ORIGINES

Nos aïeux étaient bien loin d'abhorrer le théâtre, comme l'a cru Boileau ; les représentations dramatiques étaient au contraire la principale attraction des grandes fêtes publiques, et nous pouvons en suivre l'histoire à partir de la fin du xie siècle.

Avant cette époque, c'est à l'église que nos aïeux pouvaient satisfaire leur goût du spectacle ; ils trouvaient là non seulement la pompe des cérémonies religieuses, mais encore de véritables scènes dramatiques, car l'habitude s'était introduite, au moins dès la fin du ixe siècle, de mettre en action certaines parties de l'office qui se prêtaient à une distribution de rôles entre plusieurs officiants ; ceux-ci en vinrent facilement à joindre le geste à la parole, et à s'aider de costumes et d'accessoires appropriés (1).

---

(1) A côté de ces scènes dramatiques, plus ou moins mêlées à l'office, il faut signaler les drames *scolaires*, en latin, dont on a des exemples à partir du xie siècle, et qui étaient représentés dans les grandes écoles établies près des cathédrales et des abbayes.

Dans un texte latin, relatif à la fête de Noël, on lit cette recommandation : « Que la crèche soit préparée derrière l'autel, et que l'image de Notre-Dame y soit placée. D'abord, qu'un enfant derrière le chœur, dans un lieu élevé, représentant un ange, annonce la Nativité de Notre-Seigneur à cinq chanoines ou à leurs vicaires représentant les bergers ; qu'à l'appel de l'ange ils entrent par la grande porte du chœur, et traversent le chœur par le milieu, revêtus de la tunique et de l'amict. »

On représente aussi les prophètes du Christ, Moïse avec les Tables de la loi à la main et des cornes dorées à la tête, Abacuc avec une besace, David avec une couronne et un manteau royal. Lorsque vient leur tour de parole, ils sortent d'un endroit caché, à l'appel d'un évocateur, débitent leur prophétie, et défilent ensuite processionnellement. Balaam apparaît dans l'église monté sur une ânesse ; l'ange lui barre le chemin, et un enfant, caché sous la longue housse de l'ânesse, répond pour elle (1).

Mais c'est seulement lorsque la langue vulgaire est substituée au latin dans le langage des personnages, et lorsque la représentation, détachée de l'office, est transportée sur la place publique, que le théâtre français prend véritablement naissance et se trouve dans les conditions voulues pour se développer.

Pendant tout le moyen âge et la période de transition qui sépare le moyen âge de la Renaissance,

---

(1) Voyez l'article de M. Marius Sepet dans la *Bibliothèque de l'Ecole des Chartes*, tome XL, p. 78. Pour tout ce qui concerne la mise en scène, consultez aussi l'ouvrage de M. Germain Bapst : *Essai sur l'histoire du théâtre* (Paris, Hachette, 1893).

les représentations se sont données sur la place publique, les jours de fêtes, et les acteurs étaient des gens du peuple, des artisans, des clercs, qui apprenaient leurs rôles pour la circonstance. Les *confréries*, dont l'existence remonte au moins au xie siècle, et les associations professionnelles, avaient des offices et des fêtes où elles représentaient des œuvres dramatiques ; mais c'est surtout à partir du xive siècle, qu'on voit se constituer des sociétés dramatiques, comme les Clercs de la basoche, les Enfants sans souci, les Confrères de la Passion ; les membres de ces sociétés n'étaient acteurs que par occasion, ce n'était pas pour eux un métier, du moins au début.

Il ne pouvait y avoir d'acteurs de profession qu'avec des représentations journalières, et de représentations journalières que le jour où on aurait des salles de théâtre (1) ; à ce moment commencera une période toute nouvelle, car les conditions de l'évolution du genre dramatique seront, on le conçoit, considérablement modifiées. Et à ces causes, en quelque sorte extrinsèques, de transformation viendra s'ajouter, en France du moins, un élément intrinsèque d'une grande puissance, l'imitation de l'antiquité.

Mais notre étude s'arrêtera longtemps avant cette époque, car elle ne comprendra, comme l'étude déjà publiée sur la Poésie lyrique, que le moyen âge proprement dit, c'est-à-dire la période qui s'étend des origines au milieu du xive siècle.

---

(1) En 1398, les Confrères de la Passion avaient déjà un théâtre stable à Saint-Maur.

Le terme le plus général pour désigner les œuvres dramatiques du moyen âge est le mot *jeu*, qui signifie proprement « pièce de théâtre » (1), ce qu'on *joue*. Suivant les sujets, on distingue les mystères, les miracles, les farces, et plus tard les moralités et les soties.

Les sujets se sont ressentis des origines essentiellement religieuses du théâtre. Jusqu'à la Renaissance on n'a cessé de représenter les grands mystères de la foi chrétienne, le péché originel et la Rédemption, la Passion et la Résurrection, et lorsqu'on a commencé à introduire sur la scène des drames humains, c'est en marquant avec soin dans chacun d'eux l'intervention divine par un ou plusieurs miracles. Toutefois, dès l'époque primitive, nous trouvons des pièces du genre comique, qui échappaient naturellement à l'influence de l'Eglise. Ce genre de pièces paraît se rattacher aux exercices des jongleurs, qui comportaient des monologues et des dialogues ; les plus anciennes ne sont en effet qu'une suite de conversations plaisantes, sans intrigue ou peu s'en faut. Mais on voit très bien comment la farce et la comédie ont pu en sortir.

La musique joue un rôle important, même, au début, dans les pièces comiques telles que les *jeux* d'Adam de la Halle. Dans les mystères et les miracles on entendait des chants liturgiques, des hymnes latines et des poésies françaises de divers genres, des rondeaux, des motets.

Quant à la mise en scène, ce qui la caractérise,

---

(1) Et aussi, par extension, « ensemble des acteurs. » A la fin de la pièce, le *jeu* se retire.

c'est la figuration simultanée, par juxtaposition, des divers lieux où se passe l'action. Comme la variété des lieux contribuait à l'intérêt du spectacle, la scène totale, l'ensemble des scènes particulières, occupait une assez grande étendue. La rareté relative des représentations et l'obligation de faire une installation nouvelle pour chacune d'elles ne permettait pas de songer à organiser une machination pour des changements de décor. C'est seulement lorsque le théâtre eut pignon sur rue, que l'insuffisance de largeur de la salle de spectacle contraignit les entrepreneurs de représentations dramatiques à inventer les changements de décors, que l'installation permanente rendait alors possibles ; mais pendant longtemps encore on se contenta d'un seul décor, qui devenait suffisant avec la théorie nouvelle de l'unité de lieu.

Rien ne peut mieux nous donner une idée de la mise en scène au moyen âge que la miniature, de Jean Fouquet, qui illustre le *Miracle de sainte Apolline* et celle qui orne le *Mystère de Valenciennes*. Elles sont, l'une du xv° siècle, l'autre du xvi°, mais les choses n'avaient guère changé depuis le xii°, car les détails de ces miniatures sont conformes aux indications qui accompagnent, comme nous le verrons, plusieurs de nos vieux drames. Dans une des *établies* ou loges, dont l'ensemble constituait la scène du « Miracle de sainte Apolline », on voit les anges, assis sur l'escalier, qui attendent leur tour de rôle ; d'autre part est l'énorme gueule d'enfer, d'où les diables sortaient pour prendre part à l'action et parfois pour se répandre parmi les spectateurs. Au moment choisi par le miniaturiste, l'action se passe sur la place même, devant les *établies*.

Le texte dramatique le plus ancien que nous possédions en langue vulgaire est la petite pièce des *Vierges sages et des Vierges folles*, écrite partie en latin, partie en dialecte poitevin (1), et qui n'est peut-être qu'un fragment d'une œuvre plus considérable. Elle se compose seulement de quelques scènes. L'ange, gardien du sépulcre, annonce aux femmes que le Christ est ressuscité. Les vierges sages exhortent leurs compagnes à ne pas dormir pour attendre l'Epoux, celui qui est né de la Vierge à Bethléem, qui a été baptisé dans le Jourdain, puis cloué sur la croix, et qui vient de ressusciter. Les vierges folles ont répandu leur huile et en demandent d'autre aux vierges sages, qui les renvoient aux marchands. Les marchands refusent de leur en donner, et quand l'Epoux arrive, il les chasse de sa présence : les démons s'emparent d'elles et les précipitent en enfer. Il n'y a guère à signaler, au point de vue de l'effet scénique,

---

(1) On a cru d'abord que ce texte était en langue d'oc. La littérature dramatique s'est développée au midi de la France comme au nord ; mais, pour la période qui nous occupe, on n'a retrouvé jusqu'à présent, en langue d'oc, qu'un très petit nombre de textes d'un intérêt médiocre. Nous citerons un *Mariage de Notre-Dame* (qui comprend aussi la Nativité), de la fin du XIIIe siècle ou du commencement du XIVe, un *Mystère de la Passion*, du XIVe siècle, et un *Miracle de sainte Agnès*, de la même époque. Il faut ajouter un fragment de 22 vers, qui est une partie du rôle de l'un des personnages figurant dans une pièce des *Innocents*: ce fragment a été retrouvé à Périgueux dans un trou du parement extérieur de l'église Saint-Front, où l'acteur chargé du rôle l'avait sans doute déposé et oublié. De ces différents textes le plus intéressant est le *Miracle de sainte Agnès*, dont la versification est très variée et qui contient des indications curieuses sur la mise en scène ; c'est un véritable drame *lyrique*, la partie musicale y est très développée.

que la lamentation sans cesse répétée des vierges folles :

> Dolentes ! chétives ! Trop y avons dormi !

lamentation qui s'oppose aux couplets des vierges sages sur l'Epoux, où revient comme un refrain d'aubade :

> Guères ne dormez !
> Voici l'Epoux que vous venez attendre.

La pièce se termine par des hymnes d'allégresse (en latin), après un défilé rapide des prophètes, qui viennent répéter les prophéties par lesquelles ils ont annoncé la venue du Christ. Chacun d'eux est interpellé à tour de rôle et répond. On voit ainsi paraître successivement : Israël, Moïse, Isaïe, Jérémie, Daniel, Abacuc, David, Siméon, Elisabeth, Jean-Baptiste, Virgile (1), Nabuchodonosor et la Sibylle.

Les premiers textes dramatiques « français » sont deux mystères anonymes du xiie siècle, celui d'*Adam* et celui de la *Résurrection*, dont le premier seul nous est parvenu en entier (ou peu s'en faut). Ce sont aussi des pièces anonymes, celles de la grande collection des *Miracles de Notre-Dame*, que nous trouvons à l'extrême limite de la période qui doit nous occuper. Entre les deux premiers mystères et les Miracles de Notre-Dame se placent les œuvres dramatiques de trois poètes du xiiie siècle qui ont une

---

(1) Voici la prophétie de Virgile : « Ecce polo — Demissa solo — Nova progenies est. » On reconnaît le vers de la *Bucolique à Pollion* :

> Jam nova progenies cœlo demittitur alto.

réelle valeur, Jean Bodel, Adam de la Halle et Rutebeuf. Les divisions de ce volume se trouvent ainsi tout indiquées : I. Les premiers mystères ; II. Jean Bodel, Adam de la Halle et Rutebeuf ; III. Les Miracles de Notre-Dame.

CHAPITRE PREMIER

LES PREMIERS MYSTÈRES : ADAM. — LA RÉSURRECTION.

L'importance exceptionnelle du *Mystère d'Adam* et du commentaire latin qui l'accompagne nous engage à en donner une traduction presque complète (1). La pièce est précédée de recommandations générales pour la mise en scène.

ADAM

RECOMMANDATIONS POUR LA MISE EN SCÈNE (*traduites du latin*).

« Il faut placer le paradis (terrestre) sur un lieu élevé, et l'entourer de courtines et de tentures de soie à une hauteur telle que les personnages qui seront dans le paradis puissent être vus à partir des épaules. On entremêlera des fleurs odoriférantes et des feuilles ; il y aura divers arbres et des fruits pendant aux branches, pour que le lieu paraisse très agréable.

« Vienne alors le Sauveur, revêtu d'une dalmatique, et qu'Adam et Ève se placent devant lui. Qu'Adam soit revêtu d'une tunique rouge, Ève d'un

---

(1) Nous nous bornerons à supprimer çà et là quelques vers de remplissage, quand nous ne pourrons conserver la rime qui les avait amenés et qui seule les justifiait. Pour toutes les traductions nous appliquons le même système que dans la *Poésie Lyrique au moyen âge* (voir *même collection*, 1 vol. in-8° br. 1 50).

vêtement de femme blanc et d'un manteau de soie blanc, et que tous deux soient debout devant Dieu : Adam plus près, le visage recueilli, Ève un peu plus bas.

« Et qu'Adam soit bien exercé à répondre en temps utile, sans trop se presser ni se mettre en retard. Et cette remarque ne s'applique pas seulement à lui, mais à tous les personnages. Ils doivent être exercés à parler posément et à faire les gestes qui conviennent à la chose dont ils parlent ; et ils doivent observer le rythme, sans ajouter ni enlever une syllabe, mais en les prononçant toutes fermement. Qu'ils observent aussi l'ordre des rôles. Quand ils auront à nommer le paradis, qu'ils le regardent et le montrent de la main.

« On dira d'abord la leçon *In principio creavit Deus cœlum et terram*, après laquelle le chœur chantera *Formavit igitur Dominus*. Après quoi, Dieu dira *Adam !* qui répondra *Seigneur ?* »

DIEU

Adam !

ADAM

Seigneur ?

DIEU

Formé je t'ai
Avec du limon.

ADAM

Bien le sais.

DIEU

Je t'ai formé à mon semblant,
A mon image, avec la terre.
Ne me dois jamais faire guerre.

ADAM

N'en ferai rien, mais te croirai ;
Mon créateur j'obéirai.

DIEU

Je t'ai donné bon compagnon,
Ce est ta femme, Ève elle a nom ;
Ce est ta femme et ton pareil.
Tu lui dois être bien fidèle.
Toi aime-la, qu'elle aime toi,
Ainsi serez bien vus de moi.
Qu'el soit à ton commandement,
Et vous tous deux à mon désir.
De ta côte je l'ai formée.
Elle ne t'est pas étrangère,
Puisque de toi-même elle est née.
La façonnai de ton seul corps,
De toi sortit, non du dehors.
Gouverne-la par la raison :
Qu'il n'y ait entre vous querelle,
Mais grand amour et grand secours :
Tel soit la loi de mariage !

(A Ève) :

A toi, Ève, je parlerai.
Observe mon commandement :
Si veux faire ma volonté,
En ton corps garderas bonté.
Aime, honore ton créateur
Et me reconnais pour seigneur :
A me servir mets ton souci,
Toute ta force et tout ton sens.
Aime Adam et tiens-le pour cher :
Il est mari, et toi sa femme.
A lui sois tout le temps soumise,
Ne sors pas de sa discipline.
Sers-le et aime de bon cœur,
Car c'est la loi de mariage.
Si tu veux lui donner bonne aide,
Avec lui te mettrai en gloire.

ÈVE

Le ferai, sire, à ton plaisir,
Et jamais n'en voudrai sortir ;

Te connaîtrai pour mon seigneur,
Lui pour mon pareil et mon maître.
Je lui serai tout temps fidèle,
De moi aura très bon conseil.
Le tien plaisir, le tien service,
Je ferai, sire, en toute guise.

« Alors Dieu appellera Adam plus près, et lui dira en insistant :

DIEU

Ecoute, Adam, et entends ma parole (1) :
Je t'ai formé, et vais te faire un don.
Tout temps vivras, si mon ordre tu suis,
Et seras sain, ni sentiras frisson ;
Tu n'auras faim, par besoin ne boiras,
Tu n'auras froid, ni chaud ne sentiras.
Seras en joie, point ne te lasseras,
Dans ton plaisir douleur ne connaîtras.
Toute ta vie démèneras en joie,
Toujours vivras, sans terme ni limites.
Je te le dis et veux qu'Ève l'entende ;
Folle serait si n'y fût attentive.
De toute terre avez la seigneurie,
D'oiseaux, des bêtes, de toute autre richesse.
Peu vous importe qui vous soit envieux,
Car toute terre à vous sera soumise.
Je mets en vous et le bien et le mal :
Qui a tel don n'est pas lié à pieu.
Tout en balance pesez à poids égal ;
Croyez conseil, soyez vers moi loyaux.
Laisse le mal, et te prends au seul bien.
Aime ton Dieu et avec lui te tiens,
Pour nul conseil n'abandonne le mien.
Si tu le fais, ne pécheras en rien.

(1) Ici et jusqu'à la fin de la scène, le décasyllabe (rimant 4 vers par 4) prend la place de l'octosyllabe, plus familier.

ADAM

Je rends grand grâce à ta bénignité,
Qui me formas et me fais tel bonté
Que bien et mal tu mets en mon pouvoir.
A te servir mettrai ma volonté.
 Tu es mon Dieu, je suis ta créature ;
Me façonnas, et je suis ton ouvrage.
Ma volonté ne sera point si dure
Qu'à te servir ne soit tout mon souci.

« Alors Dieu montrera à Adam le paradis en disant :

DIEU

Adam ?

ADAM

Seigneur ?

DIEU

Te dirai mon dessein.
Vois ce jardin ?

ADAM

Il a nom ?

DIEU

Paradis.

ADAM

Il est très beau.

DIEU

Je l'ai planté moi-même.
Qui s'y tiendra restera mon ami.
Le te confie : habite et garde-le.

« Alors il les mettra dans le paradis, en disant :

Dedans vous mets.

ADAM

Longtemps y vivrons-nous ?

DIEU

A toujours mais, vous n'y pouvez rien craindre ;
Vous n'y pourrez ni mourir ni vieillir.

« Le chœur chantera le répons *Tulit ergo Dominus hominem*. Alors Dieu étendra la main vers le paradis en disant :

De ce jardin te dirai la nature :
D'aucun plaisir tu n'y pourras manquer.
N'est bien au monde, que veuille créature,
Et que chacun n'y trouve à sa mesure.
Femme, de l'homme n'y craindra la fureur ;
Homme, de femme vergogne ni frayeur.
Pour engendrer l'homme n'y est pécheur,
En enfantant femme n'y sent douleur.
Tout temps vivras, tant y est bon séjour ;
Tu n'y pourras jamais changer ton âge.
Mort n'y craindras, et n'y auras dommage.
N'en sors jamais, veux que ta vie y passes.

« Le chœur chantera le répons *Dixit Dominus ad Adam*. Alors Dieu montrera à Adam les arbres du paradis, en disant :

De tous ces fruits peux manger par plaisir.

« Et il lui montrera l'arbre défendu et son fruit, en disant :

Celui-là seul te sera défendu.
Si tu en manges, tu sentiras la mort,
M'amour (1) perdras, mal changeras ton sort.

ADAM

Je garderai tout ton commandement :
Ni moi ni Ève en rien n'en sortirons.
Pour un seul fruit si perds telle demeure,
Juste est que sois dehors jeté au vent,

---

(1) Pour *ma amour*. Le mot était féminin, et on n'employait pas encore *mon* au lieu de *ma* devant les mots commençant par une voyelle.

Pour une pomme si ton amour je quitte,
Même un seul jour, par sens ou par folie.
Jugé doit être et puni comme un traître,
Qui s'y parjure et trahit son seigneur.

« Alors Dieu ira à l'église, et Adam et Ève se promèneront, se délectant honnêtement dans le paradis. Pendant ce temps les démons courront parmi le peuple, faisant les gestes qui conviennent. Et ils viendront tour à tour près du paradis, montrant à Ève le fruit défendu, comme pour lui persuader de le manger. Alors le diable viendra à Adam et lui dira :

LE DIABLE
Que fais, Adam ?

ADAM
Je vis heureux ici.

LE DIABLE
Tu es content ?

ADAM
Ne sens rien qui m'ennuie.

LE DIABLE
Peux être mieux.

ADAM
Ne puis savoir comment.

LE DIABLE
Veux le savoir ?

ADAM
Volontiers l'apprendrais.

LE DIABLE
Je sais comment.

ADAM
Mais, que m'importe (1) ?

LE DIABLE
Et pourquoi non ?

---

(1) Ici l'octosyllabe reparaît.

ADAM
Ne sert à rien.
LE DIABLE
Te servira.
ADAM
Ne sais combien.
LE DIABLE
Ne le dirai pas en courant.
ADAM
Dis-le-moi donc.
LE DIABLE
Ne ferai pas,
Avant que sois de prier las (1).
ADAM
N'ai nul besoin de le savoir.
LE DIABLE
Tu ne dois donc nul bien avoir ;
Tu as le bien, n'en sais jouir.
ADAM
Comment cela ?
LE DIABLE
Veux-tu l'ouïr ?
Te le dirai secrètement.
ADAM
Tu me le diras sûrement ?
LE DIABLE
Ecoute, Adam, entends-moi bien
C'est pour ton bien.
ADAM
J'en suis d'accord.
LE DIABLE.
Me croiras-tu ?
ADAM
Certainement.
LE DIABLE
De tout en tout ?

(1) Avant que tu sois las de m'en prier.

ADAM

Hors une chose.

LE DIABLE

Et quel chose ?

ADAM

Je vais te dire :
Mon créateur n'offenserai.

LE DIABLE.

Le crains-tu tant ?

ADAM

Assurément,
Je l'aime et crains.

LE DIABLE

Ce n'est pas sage.
Que te peut faire ?

ADAM

Et bien et mal.

LE DIABLE

Tu es entré en fol souci,
Quand crois que mal te puisse atteindre.
Es en gloire, ne peux mourir.

ADAM

Dieu le m'a dit, que je mourrai
Quand son ordre transgresserai.

LE DIABLE

Quel est cet ordre si sévère ?
Ouïr le veux, sans le comprendre.

ADAM

Te le dirai tout franchement.
Il me fit un commandement :
De tous les fruits du paradis
Je puis manger, me l'a appris,
Hors d'un seul, qui m'est défendu.
Jamais n'y toucheront mes mains.

LE DIABLE

Lequel est-ce ?

« Alors Adam lèvera la main, et lui montrera le fruit défendu, en disant :

Le vois-tu là ?
C'est celui qu'il m'a défendu.
LE DIABLE
Sais-tu pourquoi ?
ADAM
Moi ? certes non !
LE DIABLE
Je vais t'en dire la raison.
Des autres fruits point ne lui chaut,

« Et il lui montrera de la main le fruit défendu, en disant :

Hors de celui qui pend en haut :
Ce est le fruit de sapience,
De tout savoir donne science.
Si tu le manges, bien feras.
ADAM
Et en quoi donc ?
LE DIABLE
Tu le verras.
Tes yeux seront sitôt ouverts,
Ce qui doit être tu sauras,
Ce que voudras tu pourras faire.
Ferait bon vers toi l'attirer ;
Mange-le, et tu feras bien,
Ne craindras plus ton Dieu en rien,
Mais deviendras en tout son pair.
Pour cela te le défendit.
Me croiras-tu ? Goûte du fruit !
ADAM
Ne le ferai.
LE DIABLE
En aurais joie.
Ne le feras ?
ADAM
Non.
LE DIABLE
Tu es fou.
Te souviendra de mes paroles.

« Alors le diable s'éloignera, et ira vers les autres démons, et il fera une course sur la place. Quelques instants après il reviendra, le visage gai et joyeux, pour tenter Adam, et lui dira :

Adam, que fais? Changes d'avis?
Es-tu encore en fol penser ?
Je pensais bien te l'avoir dit :
Dieu t'a donné cette prébende,
Ci t'a mis pour manger ce fruit.
As-tu donc un autre plaisir ?

ADAM

Oui, sûrement, rien ne me manque.

LE DIABLE

Ne monteras jamais plus haut,
Tu te pourras tenir content
Quand Dieu t'a fait son jardinier!
De son verger Dieu t'a fait garde,
Ne demanderas autre joie!
Te forma-t-il pour ventre faire ?
Autre honneur ne te fera-t-il ?
Ecoute, Adam, et entends-moi ;
Je vais te dire en bonne foi
Comment peux être sans seigneur
Et seras pair du Créateur ;
En peu de mots te le dirai :
Si tu veux manger de la pomme.

« Alors il élèvera la main du côté du paradis :

Tu régneras en majesté,
Auras part au pouvoir de Dieu.

ADAM

Fuis-t'en d'ici.

LE DIABLE

Que dis, Adam ?

ADAM

Fuis-t'en d'ici, tu es Satan.
Le mal conseilles!

LE DIABLE
Moi ? comment ?
ADAM
Tu me veux livrer à tourment,
Et brouiller avec mon seigneur,
Tirer de joie, mettre en douleur.
Ne te croirai, fuis-t'en d'ici,
Et ne sois jamais si hardi
Que tu reviennes devant moi.
Tu es un vil traître sans foi.

« Alors il quittera Adam, triste et la tête basse. Il ira jusqu'aux portes de l'enfer et aura un colloque avec les autres démons. Puis il fera une course à travers le peuple. Ensuite il s'approchera du paradis, du côté d'Ève, et il lui adressera la parole en ces termes, d'un air gai et insinuant :

LE DIABLE
Ève, je suis venu à toi.
ÈVE
Dis-moi, Satan, tu viens pourquoi ?
LE DIABLE
Je cherche ton bien, ton honneur.
ÈVE
Dieu le veuille !
LE DIABLE
N'aië pas peur.
Longtemps y a que j'ai appris
Tous les secrets du paradis :
Une partie t'en dirai.
ÈVE
Commence, je t'écouterai.
LE DIABLE
Tu m'entendras ?
ÈVE
Avec plaisir.

LE DIABLE
C'est un secret.

ÈVE
Le garderai.

LE DIABLE
Sera-t-il trahi ?

ÈVE
Pas par moi.

LE DIABLE
Eh bien ! en ta foi me remets,
Ne demande autre sûreté.

ÈVE
Te peux fier à ma parole.

LE DIABLE
Tu as été à bonne école.
J'ai vu Adam, mais trop est fou.

ÈVE
Un peu est dur.

LE DIABLE
Il sera mou.
Il est plus dur que n'est enfer.

ÈVE
Il est très franc.

LE DIABLE
Bien plutôt serf.
Souci ne veut prendre de soi :
Qu'il veuille en prendre au moins pour toi !
Tu es faiblette et tendre chose,
Et es plus fraîche que n'est rose ;
Tu es plus blanche que cristal,
Et que la neige du vallon (1).
Le Créateur fit mauvais couple :
Tu es trop tendre et lui trop dur,
Et cependant tu es plus sage.
En grand sens as mis ton vouloir,
Et fait bon à toi s'adresser.
Je veux ici te parler.

(1) Mot à mot : que la neige qui tombe sur la glace dans le vallon.

ÈVE

Fais !

LE DIABLE

Nul ne le sache !

ÈVE

Et qui pourrait ?

LE DIABLE

Pas même Adam.

ÈVE

Jamais personne.

LE DIABLE

Je vais te dire, et toi, m'écoute.
N'y a que nous sur cette route,
Et Adam là, qui n'entend pas.

ÈVE

Parlez haut, il n'en saura mot (1).

LE DIABLE

Je vous avise d'un grand tort,
Qui vous est fait dans ce jardin.
Le fruit que Dieu vous a donné
N'a en soi guères de bonté ;
Celui qu'il a tant défendu
A en soi très grande vertu.
En lui est la grâce de vie,
De puissance, de seigneurie,
De tout savoir, et bien et mal.

ÈVE

Quelle saveur a-t-il ?

LE DIABLE

Céleste !

A ton beau corps, à ta figure,
Bien conviendrait telle aventure
Que tu fusses Dame du monde,

---

(1) La partie de la scène figurant le paradis n'est pas assez étendue pour qu'Adam ne puisse entendre la conversation. Et cependant les acteurs ne peuvent parler à voix basse. Il faut donc que le diable parle haut, et que les spectateurs admettent qu'Adam n'entend pas. C'est d'ailleurs une des conventions théâtrales les plus usuelles.

Du supérieur et du profond,
Que tu susses ce qui doit être,
Que tu fusses de tout maîtresse.

ÈVE

Le fruit est tel ?

LE DIABLE

En vérité !

« Alors Ève regardera attentivement le fruit défendu, puis elle dira :

ÈVE

Rien que le voir me fait du bien.

LE DIABLE

Que sera-ce si tu le manges ?

ÈVE

Point ne le sais.

LE DIABLE

Me croiras-tu ?
Prends-le, puis à Adam le donne.
Du ciel aurez alors couronne ;
Au Créateur serez pareils,
Et ne vous pourra rien cacher.
Dès que du fruit aurez mangé,
Sitôt seront vos cœurs changés :
Avec Dieu serez, sûrement,
D'égal bonté, d'égal puissance.
Goûte du fruit !

ÈVE

Je n'ose encore.

LE DIABLE

Surtout, n'en crois jamais Adam.

ÈVE

Je le ferai.

LE DIABLE

Quand ?

ÈVE

Attendez
Qu'Adam soit un peu éloigné.

LE DIABLE

Mange-le sans aucune crainte.
Trop retarder serait enfance.

« Alors le diable s'éloignera d'Ève et ira en enfer. Adam viendra vers Ève, mécontent de l'avoir vue parler au diable, et lui dira :

ADAM

Dis-moi, femme, que demandait
Satan? Que te voulait-il donc?

ÈVE

Il me parla de notre honneur.

ADAM

Ne crois jamais ce maudit traître.
C'est un traître, je le sais bien.

ÈVE

Comment cela ?

ADAM

Je l'éprouvai.

ÈVE

Il te fera changer d'avis.

ADAM

Ne fera pas, ne le croirai
Pour nulle chose que je sache.
Ne le laisse venir vers toi,
Car il est de méchante foi.
Il voulut trahir son seigneur
Et s'opposer au Dieu très haut.
Je ne veux pas qu'un tel vaurien
Auprès de vous ait nul accès.

« Alors un serpent habilement fait monte le long du tronc de l'arbre défendu. Ève en approchera l'oreille comme si elle écoutait ses conseils. Puis elle prendra le fruit et le tendra à Adam. Mais il ne l'acceptera pas tout de suite, et Ève lui dira :

ÈVE
Mange, Adam, tu ne sais que c'est ;
Prenons ce bien qui nous est prêt.

ADAM
Est-il si bon ?

ÈVE
Tu le sauras,
Ne peux savoir sans en goûter.

ADAM
J'hésite.

ÈVE
Allons !

ADAM
N'en ferai rien.

ÈVE
De tant tarder tu as grand tort.

ADAM
Eh bien, le prendrai.

ÈVE
Manges en ;
Ainsi sauras et mal et bien.
J'en mangerai premièrement.

ADAM
Et moi après.

ÈVE
Certainement (1).

« Alors Ève mangera une partie de la pomme, et dira à Adam :

J'en ai goûté ! Dieu ! quel saveur !
Jamais tel douceur n'éprouvai.
De tel saveur est cette pomme...

ADAM
De quel ?

---

(1) Cette scène est sensiblement plus faible que les précédentes. On ne voit pas bien les raisons qui décident Adam, après sa belle résistance dans son entrevue avec le diable.

ÈVE

Nul n'en goûta semblable.
Or sont mes yeux si clairvoyants,
Je semble Dieu le tout-puissant.
Tout ce qui fut, ce qui doit être,
Je sais tout, bien j'en suis maîtresse.
Mange, Adam, ne retarde plus.
Tu la prendras pour ton bonheur.

« Alors Adam prendra la pomme de la main d'Ève, en disant :

ADAM

Je t'en crois, tu es ma compagne.

ÈVE

Mange, tu ne saurais rien craindre.

« Alors Adam mangera une partie de la pomme ; après quoi, il connaîtra aussitôt son péché et se courbera. Sans que les spectateurs puissent le voir, il quittera sa tunique rouge, et revêtira de pauvres vêtements cousus de feuilles, et en simulant une très grande douleur, il commencera sa lamentation :

ADAM

Hélas ! malheureux, qu'ai-je fait ?
Me voilà mort sans nul retour ;
Désormais sans recours suis mort,
Tant suis déchu de mon beau sort.
A mal changé mon aventure :
Moult était bonne, or est moult dure.
J'abandonnai mon Créateur
Par conseil de mauvaise femme.
Hélas ! Pécheur, que vais-je faire ?
Mon Créateur comment attendre,
Que j'ai trahi par ma folie ?
Ne fis onc si mauvais marché.

Maintenant sais ce qu'est péché !
Ah ! mort, pourquoi me laisses vivre ?
De mon corps le monde délivre !
Pourquoi ferais-je encombre au monde ?
D'enfer me faut tenter le fond.
En enfer sera ma demeure,
Tant que vienne qui me secoure.
En enfer mènerai ma vie.
Là d'où pourra me venir aide ?
Là d'où me viendra le secours ?
Qui me tirera de douleur ?
Puisqu'à mon Seigneur j'ai manqué,
Ne me doit être nul ami.
N'est nul qui pour moi puisse rien,
Sans ressource je suis perdu.
Vers mon Seigneur suis si coupable,
Contre lui ne me puis défendre,
Car j'ai le tort, il a le droit.
Hélas ! si mauvaise est ma cause !
Qui peut de moi se soucier,
Quand j'offensai le Roi de gloire ?
Le Roi du ciel tant j'offensai
Que près de lui n'ai nulle excuse ;
Je n'ai ami ni nul voisin
Qui puisse ma cause gagner.
Qui prirai-je de m'assister,
Quand ma femme ainsi m'a trahi,
Que Dieu me donna pour compagne ?
Et me donna mauvais conseil !
Ah ! Ève.

« Ici, il regardera sa femme Ève, et dira :

Ah ! femme insensée !
Pour ma perte êtes de moi née !
Plût à Dieu de brûler la côte
Qui m'a mis en si mauvais cas !
Eût-elle été livrée au feu,
La côte qui tel mal me vaut !

Quand de moi cette côte il prit,
Qu'il l'eût brûlée et moi occis !
La côte a tout le corps trahi.
Ne sais que dire ni que faire ;
Si ne me vient du ciel la grâce,
Ne puis être tiré de peine,
Tel est le mal qui me démène !
Ah ! Ève, comme à la male heure
Grande peine me courut sus
Quand de vous Dieu fit ma pareille !
Je suis perdu par ton conseil,
Par ton conseil suis mis à mal,
De grand hauteur tombé en val.
Nul ne pourra m'en retirer,
Si ce n'est Dieu de majesté.
Que dis-je ? Pourquoi le nommai ?
Il m'aidera ? Courroucé l'ai !
Ne me viendra personne en aide,
Hors le fils que Marie aura.
Ne puis trouver aucun secours,
Quand à Dieu ne gardâmes foi !
Qu'il en soit au plaisir de Dieu !
Plus ne me reste qu'à mourir.

« Alors le chœur commencera le répons *Dum deambularet*, etc. Après quoi, Dieu viendra, portant une étole, et entrera dans le paradis, regardant de tous côtés comme s'il cherchait Adam. Quant à Adam et à Ève, ils se cacheront dans un coin du paradis, comme des gens qui connaissent leur misère. Puis Dieu dira :

DIEU

Adam, où es ?

« Alors tous deux se montreront, et se tiendront debout devant Dieu, sans cependant être tout à fait droits, mais un peu courbés à cause de la honte de leur péché, et très tristes. Et Adam répondra :

ADAM
Ici, Seigneur.
Me cachai, craignant ta colère,
Et, parce que je suis tout nu,
Dans ce coin me suis retiré.

DIEU
Qu'as-tu fait ? Quel fut ta conduite ?
Qui t'a fait perdre ta bonté ?
Qu'as-tu fait ? Pourquoi as-tu honte ?
Comment vais-je avec toi compter ?
Tu n'avais rien, l'autre matin,
Dont tu dusses avoir vergogne.
Or je te vois moult triste et morne !
Qui tarde ainsi n'a cœur tranquille.

ADAM
Tel honte j'ai, Seigneur, de toi,
Que je me cache.

DIEU
Dis pourquoi.

ADAM
Si grande peur mon corps enlace,
Ne t'ose regarder en face.

DIEU
Pourquoi as-tu enfreint mon ordre ?
Y as-tu donc beaucoup gagné ?
Tu es mon serf, moi ton Seigneur !

ADAM
Ne te le puis pas contredire.

DIEU
Je te formai à mon semblant :
Ne gardas mon commandement !
Te façonnai à mon image :
Pour ce me fis-tu cet outrage !
Ma défense tu n'observas,
Et promptement l'outrepassas :
Le fruit mangeas que t'ai montré

Et que je t'avais interdit.
Ainsi pensas être mon pair ;
Ne sais si tu voudras lutter.

« Alors Adam étendra la main vers Dieu, puis vers Ève en disant :

ADAM
La femme que tu m'as donnée
La première a désobéi :
Me le donna et j'en mangeai,
C'est par elle que j'ai méfait.
DIEU
Ta femme tu crus plus que moi,
Mangeas le fruit sans mon avis,
T'en donnerai tel récompense :
La terre aura malédiction
Où tu voudras ton blé semer.
Elle est maudite sous ta main :
Tu la cultiveras en vain,
A toi son fruit refusera.
Epines, chardons te rendra ;
Changer te voudra ta semence,
Pour ton crime sera maudite.
A grand travail, à grand ahan,
Il te faudra manger ton pain ;
A grand peine, à grande sueur,
Tu vivras la nuit et le jour.

« Alors Dieu se tournera du côté d'Ève et lui dira d'un air menaçant :

Et toi, Ève, mauvaise femme,
Tôt commenças de me combattre,
Peu de temps tu gardas ma loi.
ÈVE
Le mauvais serpent me trompa.
DIEU
Par lui crus être mon égale :

Connais-tu bien tout l'avenir ?
Vous aviez, avant, la maîtrise
Sur tout ce qui doit être en vie :
Comment l'as-tu si tôt perdue ?
Je te vois triste et mal venue ;
As-tu, dis-moi, fait gain ou perte ?
Te rendrai suivant ton mérite,
T'en donnerai pour ton service :
De partout le mal te viendra,
En douleur porteras enfants,
Et en peine ils vivront leurs ans.
Tes enfants en douleur naîtront,
En grande angoisse finiront.
En de tels maux, en tel dommage
Tu as mis toi et ton lignage.
Tous ceux qui de toi sortiront
Ton péché souvent pleureront.

« Et Ève répondra en disant :

    Je suis perdue, et ce fut par folie.
Pour une pomme souffrirai grand dommage,
Qui met en peine et moi et mon lignage.
Pour petit gain je paye grand tribut.
    Si je fis mal, ne fut grande merveille,
Quand m'a trahie le serpent séducteur.
    Moult sait de mal, ne ressemble à brebis ;
Mal est bailli qui à lui se confie.
    Je pris la pomme, sais bien que fis folie,
Contre ton ordre, et commis félonie.
Las ! en goûtai : or, suis de toi haïe :
Pour peu de fruit me faut perdre la vie.

« Alors Dieu menacera le serpent en disant :

DIEU

Et toi, serpent, sois le maudit !
De toi reprendrai bien mon droit.
Sur ton ventre te traîneras,

A tous les jours que tu vivras.
Ta pâture sera poussière,
En bois, en plaines et en landes.
La femme te portera haine
Et te sera dure voisine.
Toi, son talon tu guetteras,
Elle le dard t'arrachera.
Sur la tête te frappera
Et cherchera par tout moyen
A pouvoir se venger de toi.
Pour ton malheur tu la connus,
Te fera la tête baisser.
Puis d'elle un rejeton naîtra,
Qui ta puissance confondra.

« Alors Dieu les chassera du paradis en disant :

Maintenant, hors du paradis !
Mauvais échange fîtes-vous.
En terre vous demeurerez ;
En paradis plus n'avez lieu,
N'y avez rien à réclamer,
En sortirez sans nul retour ;
Ailleurs il faut vous établir.
Ne vous manquera faim ni froid,
Ne manquera douleur ni peine,
A tous les jours de la semaine.
En terre aurez mauvais séjour,
Après mourrez à tour de rôle.
Puis, quand aurez goûté la mort,
En enfer irez sans répit.
Ici auront vos corps exil,
Vos âmes en enfer péril.
Satan vous aura sous sa main,
N'est homme qui vous en délivre,
Par qui puissiez avoir secours,
S'il ne me prend pitié de vous.

« Le chœur devra chanter : *In sudore vultus tui.*

« Pendant ce temps viendra un ange, vêtu de blanc, et portant à la main une épée rayonnante. Dieu le placera à la porte du paradis et lui dira :

>   Gardez-moi bien le paradis,
>   Jamais n'y entre ce maudit.
>   Qu'il n'ait jamais pouvoir ni force
>   De plus toucher le fruit de vie ;
>   De cette épée qui flamboie
>   A jamais défends lui l'entrée.

« Quand ils seront hors du paradis, ils se tiendront courbés jusqu'au sol sur leurs talons, simulant la tristesse et la confusion, pendant que Dieu les montrera de la main, la face tournée vers le paradis ; et le chœur commencera le répons *Ecce Adam quasi unus*. Le chant fini, Dieu reviendra à l'église.

« Alors Adam prendra un hoyau et Ève un râteau. Ils commenceront à cultiver la terre et y sèmeront du blé. Après avoir semé, ils iront s'asseoir un peu, comme rompus de fatigue, et ils regarderont fréquemment le paradis, d'un air affligé, en se frappant la poitrine. Pendant ce temps viendra le diable, et il plantera dans leur culture des épines et des chardons, puis il s'éloignera. Quand Adam et Ève reviendront vers leur culture, et verront se dresser les épines et les chardons, sous le coup d'une violente douleur ils se prosterneront à terre. Puis, se relevant, ils se frapperont la poitrine et les cuisses, manifestant leur douleur par leurs gestes, et Adam commencera sa lamentation :

>   **ADAM**
>   Ah ! malheureux ! J'ai donc vu venir l'heure
>   Où mes péchés me sont bien courus sus,

Car j'ai quitté le Seigneur qu'on adore !
Qui le prira jamais qu'il me secoure ?

« Ici Adam regardera le paradis et élèvera ses deux mains vers lui ; puis il inclinera pieusement la tête en disant :

Oh ! paradis, tu es si beau séjour !
Verger de gloire, il fait si beau vous voir !
Par mon péché j'en ai été chassé,
D'y retourner j'ai tout perdu l'espoir.
Je fus dedans, n'en sus guère jouir,
J'ai cru conseil qui m'en fit tôt partir.
Peux maintenant à droit m'en repentir,
Mais est trop tard, ne vaut rien mon soupir.
Où fut mon sens, que devint ma mémoire,
Quand pour Satan quittai le roi de gloire ?
Je m'en désole, mais de rien ne me sert ;
Sera mon crime en l'histoire conté.

« Alors il lèvera la main du côté d'Ève, qui sera placée un peu plus haut, et, remuant la tête avec une grande indignation, il lui dira :

Mauvaise femme, pleine de trahison,
Comme m'as mis tôt en perdition,
Et m'enlevas le sens et la raison !
Je m'en repens, ne puis avoir pardon.
Ève dolente, comme au mal fûtes prompte,
Quand avez cru le conseil du serpent !
Par toi suis mort, et j'ai perdu le vivre :
Sera ta faute écrite dans les livres.
Vois-tu le signe de grand confusion ?
Pour nous la terre est maintenant maudite ;
Froment semai, y naissent des chardons...
De notre mal c'est le commencement.
C'est grand douleur ; mais plus grand nous attend.
Menés serons en enfer, bien l'entends,
N'y manquera ni peine ni tourment.

Malheureuse Ève, que t'en semble aujourd'hui ?
C'est ta conquête, et c'est là ton douaire.
Jamais à l'homme ne sauras dû bien faire,
A la raison seras tout temps contraire.
De notre race tous ceux qui sortiront
De ton forfait sentiront les effets...

« Alors Ève répondra à Adam :

ÈVE

Adam, beau sire, moult vous m'avez blâmée,
Ma vilenie montrée et reprochée.
Si je fis mal, j'en ai le châtiment :
Je suis coupable, par Dieu serai jugée.
Vers Dieu, vers toi sais que j'ai mal agi,
De mon méfait sera long souvenir !
Ma faute est grande et mon péché m'accable ;
Chétive suis, de tout bien suis privée.
Et je ne puis, sans excuse vers Dieu,
Que m'avouer coupable et pécheresse.
Pardonnez-moi, car ne puis faire amende :
Si je pouvais, lui en ferais offrande.
Ah ! pécheresse et pauvre malheureuse !
Par mon forfait j'ai tant courroucé Dieu !
Mort, prends-moi donc ! Ne souffre que je vive.
En péril suis, ne puis venir à rive.
Le vil serpent, la bête félonesse
Me fit manger la pomme de malheur !
Je t'en donnai, pensais pour bien le faire,
Te mis en faute, et ne t'en puis tirer.
Pourquoi ne fus-je au Créateur soumise,
Et n'ai gardé, Seigneur, ta discipline !
Tu as méfait, mais je suis la racine
De notre mal, rebelle à médecine.
Le mien méfait, ma grand mésaventure,
Le paira cher notre progéniture.
Le fruit fut doux, la peine est grande et dure...
Pourtant je mets en Dieu mon espérance.
Notre péché un jour nous remettra,

Il nous rendra sa grâce et sa présence,
Nous tirera d'enfer par sa puissance.

« Alors viendra le diable et trois ou quatre diables avec lui, portant dans leurs mains des chaînes et des anneaux de fer, qu'ils placeront au cou d'Adam et d'Ève. Et les uns les pousseront, d'autres les tireront vers l'enfer. D'autres diables les attendront près de l'enfer et feront grand bruit entre eux de la perdition d'Adam et Ève, et ils les montreront du doigt, puis ils les recevront et les mettront en enfer, où ils feront s'élever une grande fumée. En enfer ils vociféreront entre eux joyeusement et choqueront leurs chaudières et leurs casseroles, de façon qu'on entende du dehors. Au bout de peu de temps, les diables sortiront et courront à travers le peuple; mais quelques-uns resteront en enfer.

« Ensuite viendront Caïn et Abel. Caïn sera vêtu de rouge, Abel de blanc, et ils cultiveront la terre préparée d'avance. Puis ils se reposeront un peu, et Abel adressera tendrement et amicalement la parole à son frère Caïn :

ABEL

Frère Caïn, nous sommes deux germains,
Sommes tous deux les fils du premier homme :
Ce fut Adam, notre mère eut nom Ève.
Pour Dieu servir ne soyons pas vilains.
   Soyons tout temps soumis au Créateur,
De tel façon que gagnions son amour,
Que nos parents perdirent par folie.
Entre nous deux soit bien ferme l'amour.
   Servons bien Dieu pour qu'il en ait plaisir,
Rendons ses droits, sans en rien retenir.
Si de bon cœur lui voulons obéir,
N'auront nos âmes nulle peur de périr.

Donnons sa dîme et tout ce qui est dû,
Prémices, dons, offrandes, sacrifice ;
Si d'en garder nous prend la convoitise,
Perdus serons en enfer sans répit.
   Entre nous deux soit grande affection,
N'y soit envie, n'y soit détraction.
Pourquoi avoir disputes entre nous ?
Toute la terre nous est abandonnée.

« Alors Caïn regardera son frère Abel avec un air de moquerie, et lui dira :

CAÏN
   Beau frère Abel, bien savez sermonner,
Et vos raisons éprouver et montrer.
Mais vos leçons qui voudra écouter
En peu de jours n'aura plus que donner.
   Dîme donner onc ne me fut à gré :
De ton avoir peux faire ta bonté,
Et moi du mien ferai ma volonté.
Par mon méfait ne seras point damné.
   De nous aimer nature nous enseigne :
Nul de nous deux ne veuille y renoncer.
Qui entre nous commencera la guerre
Cher le paîra, n'aura droit de s'en plaindre.

« Abel adressera de nouveau la parole à son frère Caïn, qui lui répondra avec plus de douceur que d'habitude. Abel dira :

ABEL
Caïn, beau frère, écoute-moi.
CAÏN
Volontiers ! Il s'agit de quoi ?
ABEL
De ton profit.
CAÏN
Tant plus me plaît.

ABEL

Ne fais jamais à Dieu la guerre,
Et n'ai jamais vers lui orgueil.
Te le conseille.

CAÏN

Bien le veux.

ABEL

Crois mon avis, allons offrir
Au Seigneur Dieu pour son plaisir.
S'il est vers nous bien apaisé,
Ne nous surprendra le péché,
Ni sur nous ne viendra tristesse :
Moult fait bon chercher son amour.
Allons offrir à son autel
Tel don qu'il veuille regarder ;
Prions-le qu'ayons son amour.
Et nous défende nuit et jour.

« Alors Caïn répondra comme si le conseil d'Abel lui eût plu, en disant :

CAÏN

Beau frère Abel, moult as bien dit,
Ton discours as moult bien écrit,
Et je croirai bien ton conseil :
Allons offrir, bien est raison.
Qu'offriras-tu ?

ABEL

Moi ? un agneau,
Tout le meilleur et le plus beau
Que chez moi je pourrai trouver ;
Je l'offrirai sans hésiter,
Et j'offrirai aussi encens.
Je vous ai dit tout mon dessein.
Toi, qu'offriras ?

CAÏN

Moi ? de mon blé,
Tel comme Dieu le m'a donné.

ABEL

Du meilleur ?

CAÏN

Non, en vérité.
De celui-là ferai mon pain.

ABEL

Telle offrande n'est acceptable.

CAÏN

Que dis-tu là ? C'est pure fable.

ABEL

Tu es riche et as maintes bêtes.

CAÏN

Oui bien.

ABEL

Compte-les donc par tête :
De toutes donne la dixième.
Tu l'offriras à Dieu lui-même.
Offre-la-lui de ton bon gré,
En recevras la récompense.
Feras ainsi ?

CAÏN

Quelle folie !
De dix ne resteraient que neuf !
Pareil conseil ne vaut un œuf.
Allons offrir à lui de çà
Chacun pour soi ce qu'il voudra.

ABEL

J'en suis d'avis.

« Alors ils iront vers deux grandes pierres, qui seront préparées pour cela. Les pierres seront éloignées l'une de l'autre de telle façon que, lorsque Dieu apparaîtra, la pierre d'Abel soit à sa droite, et celle de Caïn à sa gauche. Abel offrira l'agneau et l'encens, dont il fera monter la fumée. Caïn offrira une poignée de moisson. Dieu apparaîtra alors, bénissant les présents d'Abel et méprisant ceux de

Caïn. Après l'offrande, Caïn jettera un regard mauvais du côté d'Abel, puis ils se retireront à leurs places. Alors Caïn viendra trouver Abel, voulant par ruse l'attirer dehors pour le tuer, et il lui dira :

CAÏN
Beau frère Abel, allons dehors.
ABEL
Pourquoi donc ?
CAÏN
Pour nous délasser,
Et regarder notre travail,
Si le blé croit, s'il est en fleur.
Et puis aux prés nous en irons,
Plus tranquilles nous en serons.
ABEL
Je te suivrai où tu voudras.
CAÏN
Or viens-t'en donc, bien tu feras.
ABEL
Tu es mon frère et mon aîné,
Je veux faire tes volontés.
CAÏN
Passe devant, j'irai après,
Au petit pas, sans nous presser.

« Alors ils iront tous deux vers un endroit éloigné et censé caché, où Caïn, comme furieux, se précipitera sur Abel, voulant le tuer, et il lui dira :

Abel, tu es mort.
ABEL
Et pourquoi !
CAÏN
Je me voudrais venger de toi.
ABEL
Ai-je méfait ?

CAÏN
Certes, beaucoup !
Tu es un traître tout prouvé.
ABEL
Point ne le suis.
CAÏN
Tu dis que non ?
ABEL
Jamais n'aimai la trahison.
CAÏN
Mais tu l'as faite.
ABEL
Moi ? Comment ?
CAÏN
Tôt le sauras.
ABEL
Point ne comprends.
CAÏN
Te le ferai bientôt savoir.
ABEL
Jamais ne le pourras prouver.
CAÏN
La preuve est près.
ABEL
Dieu m'aidera !
CAÏN
Je te tûrai.
ABEL
Dieu le saura !

« Alors Caïn lèvera une main menaçante contre lui en disant :

CAÏN
Voici qui en fera la preuve.
ABEL
En Dieu toute est ma confiance.
CAÏN
Contre moi peu te servira.

ABEL

Il peut bien détourner ton bras.

CAÏN

Ne te pourra de mort sauver.

ABEL

En tout me mets à son plaisir.

CAÏN

Veux ouïr pourquoi te tûrai ?

ABEL

Dis-le-moi donc.

CAÏN

Te le dirai :
Trop es de Dieu le favori.
Pour toi m'a-t-il tout refusé,
Pour toi refusa mon offrande.
Pensez-vous que ne te le rende ?
T'en donnerai la récompense :
Tu vas rester mort sur la place.

ABEL

Si tu m'occis, sera à tort ;
Dieu vengera sur toi ma mort.
N'ai pas mal fait, Dieu le sait bien !
Vers lui ne te brouillai en rien,
Mais te conseillai d'ainsi faire
Que fusses digne de sa paix,
En lui donnant ce qu'on lui doit,
Dons, prémices, oblations :
Ainsi peux avoir son amour.
Tu ne le fis, as sa colère.
Dieu ne ment pas ; à qui le sert
Donne grands biens, pas ne le perd.

CAÏN

Trop as parlé, bientôt mourras.

ABEL

Frère, que dis? Tu me menas,
Suis ici sur ta foi venu.

CAÏN

Ta confiance ne te sert :
Je t'occirai, je te défie.

ABEL
Dieu veuille avoir de moi merci !

« Alors Abel fléchira le genou du côté de l'orient. Il aura une outre (1) cachée sous ses vêtements, que Caïn frappera comme s'il tuait son frère. Abel restera étendu à terre, comme mort. Le chœur chantera le répons : *Ubi est Abel frater tuus?*

« Pendant ce temps, Dieu viendra de l'église vers Caïn, et quand le chœur aura fini de chanter le répons, il lui dira, comme plein de colère :

DIEU
Caïn, où est ton frère Abel ?
T'es-tu déjà mis en révolte ?
As commencé vers moi la guerre.
Montre-moi ton frère vivant !

CAÏN
Que sais-je, Sire, où est allé,
S'il est chez lui ou à ses blés !
Pourquoi devrais-je le trouver ?
Je ne le devais pas garder.

DIEU
Qu'en as-tu fait ? Où l'as-tu mis ?
Je le sais bien, tu l'as occis.
Son sang en fait vers moi clameur,
Dans le ciel m'en vint la rumeur.
Tu as fait là grand félonie,
Maudit seras toute ta vie.
N'auras que malédictions :
A tel méfait tel récompense.
Je ne veux pas que l'on te tue,
Mais qu'en douleur passes ta vie ;
Qui jamais Caïn occirait
Sept fois autant puni serait.

---

(1) Le texte dit « une marmite » (*ollam*) ; mais l'auteur a pu employer un mot pour un autre.

Ton frère as contre moi tué,
Lourde en sera ta pénitence.

« Alors Dieu rentrera à l'église. Les diables arriveront et conduiront Caïn en enfer, le poussant à maintes reprises ; quant à Abel, ils le mèneront doucement.

« Les prophètes se seront préparés dans un lieu secret, chacun avec les attributs qui lui conviennent. On lira d'abord dans le chœur la leçon *Vos inquam convenio, o Judæi*, et chaque prophète sera appelé par son nom. Ils s'avanceront avec dignité et prononceront leurs prophéties clairement et distinctement.

« Abraham viendra le premier, vieux avec une longue barbe, revêtu de larges vêtements ; il s'assiéra sur un banc, et, après une pause, commencera sa prophétie à haute voix : *Possidebit semen tuum*, etc.

ABRAHAM

Abraham suis, tel est mon nom.
Or entendez tous mes paroles :
Qui en Dieu a bonne espérance
Tienne sa foi et sa croyance.
Qui en Dieu aura ferme foi,
Dieu l'aidera, le sais par moi.
Il me tenta, je fis son gré,
Bien accomplis sa volonté.
Tuer voulus, pour lui, mon fils,
Mais par lui en fus empêché ;
Voulus l'offrir en sacrifice,
Dieu le m'a tourné à justice.
Dieu m'a promis, c'est vérité,
De moi viendra tel héritier
Qui vaincra tous ses ennemis,
Tant il sera fort et puissant :
Leurs portes tiendra dans ses mains.
Tel homme naîtra de ma race

Qui changera notre sentence,
Par qui sera sauvé le monde,
Adam de peine délivré ;
Les gens de toute nation
En auront bénédiction.

« Quand Abraham aura ainsi parlé, après un petit intervalle, les diables viendront qui le conduiront en enfer.

« Alors viendra Moïse, portant dans sa main droite une verge, et dans la gauche les tables de la loi. Après s'être assis, il dira sa prophétie : *Prophetam suscitabit*, etc.

MOÏSE

Ce que vous dis, par Dieu le vois :
De nos frères, de notre loi,
Voudra Dieu susciter un homme.
Sera prophète, plus que tous,
Du ciel saura tout le secret ;
Le devez croire plus que moi.

« Il sera ensuite conduit par le diable en enfer, et de même tous les prophètes. Alors viendra Aaron, revêtu des ornements épiscopaux, et portant dans ses mains une verge avec fleurs et fruit. Il s'assiéra et dira : *Hæc est virga gignens florem*, — *Qui salutis dat odorem*, etc.

AARON

Cette verge, sans la planter,
Peut faire fleurs et fruit porter.
Tel verge sortira de moi
Qui à Satan fera dommage,
Qui, sans charnel engendrement,
Aura de l'homme la nature.
Ce sera le fruit de salut,
Qui Adam viendra délivrer.

« Après Aaron arrivera David, orné des insignes royaux et du diadème. Il dira : *Veritas de terra*, etc.

DAVID

De terre viendra vérité,
Et justice de majesté (1).
Dieu donnera bénignité,
La terre donnera son blé ;
De son froment sera le pain
Qui sauvera les enfants d'Ève.
Sera seigneur de toute terre,
Il fera paix, détruira guerre.

« Salomon s'avancera ensuite, revêtu des mêmes ornements que David, mais il paraîtra plus jeune. Il s'assiéra et dira : *Cum essetis ministri*, etc.

SALOMON

Juifs, à vous donna Dieu sa loi,
Mais vous ne lui portâtes foi.
Vous fit baillis de son royaume,
Mais ne jugeâtes par justice ;
Contre Dieu vous êtes tournés,
Ne fîtes pas sa volonté.
Grande fut votre iniquité.
Ce que vous fîtes paraîtra,
Car dure vengeance y aura
Sur ceux qui furent les plus hauts :
Ils feront tous un mauvais saut.
Du petit aura Dieu pitié,
De liesse le remplira.
Se prouvera la prophétie,
Quand le fils Dieu pour nous mourra :
Ceux qui sont maîtres de la loi
L'occiront par mauvaise foi.
Contre droit et contre raison
Le mettront en croix com larron.

(1) Et justice viendra du lieu de majesté, du ciel.

Pour ce, perdront leur seigneurie,
De grand hauteur viendront en bas,
Se pourront dire infortunés !
Du pauvre Adam aura pitié,
Le délivrera de péché.

« Après Salomon viendra Balaam, vieux, revêtu de larges vêtements, assis sur une ânesse. Il viendra au milieu de la scène, et dira sa prophétie sans descendre de sa bête : *Orietur stella*, etc.

BALAAM

De Jacob viendra une étoile,
Du feu du ciel sera vermeille.
Et voici les chefs d'Israël,
Qui à Moab feront la guerre,
Et leur orgueil abaissera.
Car d'Israël Christ sortira,
Sera étoile de clarté,
Tout en sera illuminé :
Ses fidèles bien conduira,
Tous ses ennemis confondra.

« Ensuite s'approchera Daniel, jeune d'âge, mais vieux d'aspect. Après s'être assis, il dira sa prophétie en étendant la main vers ceux à qui il parle : *Cum venerit sanctus sanctorum*, etc.

DANIEL

C'est à vous, juifs, que je m'adresse,
Qui vers Dieu êtes trop félons.
Des saints quand viendra le plus grand,
Vous éprouverez grands malheurs.
Lors cessera votre onction,
Et n'aurez droit de réclamer.
C'est Christ que « le saint » signifie,
Et ceux qui par lui auront vie.
Pour son peuple viendra sur terre ;

Vos gens lui feront grande guerre,
Ils le mettront à passion :
Pour ce perdront leur onction.
Evêque n'auront plus, ni roi,
Mais périra par eux leur loi.

« Après Daniel, viendra Abacuc, en vieillard. Lorsqu'il commencera sa prophétie, il lèvera les mains du côté de l'église, en simulant l'admiration et la crainte. Il dira : *Domine, audivi*, etc.

ABACUC

De Dieu j'ai ouï la nouvelle,
Tout en ai trouble la cervelle.
J'ai si bien regardé cette œuvre,
Que grande peur m'ouvre le cœur.
Entre deux bêtes sera vu,
Et reconnu par tout le monde.
Celui dont tant je m'émerveille
Sera montré par une étoile ;
Pâtres le trouveront en crèche,
Qui sera faite en pierre sèche,
Où bêtes mangeront le foin ;
Par rayons se révélera.
L'étoile amènera les rois,
Offrande apporteront tous trois.

« Alors entrera Jérémie, portant à la main un rouleau de papier, et il dira : *Audite verbum*, etc., et en montrant les portes de l'église : *Hæc dicit Dominus*, etc.

JÉRÉMIE

Oyez de Dieu sainte parole,
Vous qui êtes de son école,
Vous, descendants du bon Juda,
Vous qui êtes de sa maison.
Par ces portes voulez entrer,

Pour Notre-Seigneur adorer.
Vous dit le Seigneur des armées,
Dieu d'Israël, du ciel là-haut :
Faites bonnes toutes vos voies,
Qu'elles soient droites comme raies,
Et que vos cœurs soient purs et nets,
Pour que n'en vienne nul dommage.
Que vos désirs aillent au bien,
Qu'en eux n'y ait de félonie.
Si ainsi faites, Dieu viendra,
Avec vous il habitera.
Le Fils de Dieu, le glorieux,
Sur terre descendra vers vous ;
Avec vous sera, com mortel,
Le Seigneur, le maître céleste.
Adam tirera de prison,
Son corps donnera pour rançon.

« Après Jérémie viendra Isaïe, portant un livre à la main, et revêtu d'un grand manteau. Il dira sa prophétie : *Egredietur virga*, etc.

ISAÏE

Je vous annoncerai merveille :
De la racine de Jessé
Verge viendra, qui fera fleur.
Sera digne de grand honneur :
Le Saint-Esprit la choisira,
Sur cette fleur se posera.

« Alors quelqu'un sortira de la synagogue et discutera avec Isaïe.

LE JUIF

Réponds-moi, seigneur Isaïe.
Est-ce fable, ou prophétie ?
Que vaut ce que tu nous as dit ?
Le trouvas-tu ? Où est-ce écrit ?

Tu as dormi, tu l'as rêvé.
Est-ce certain ou bien pour rire?
####### ISAÏE
Ce n'est pas fable, c'est tout vrai.
####### LE JUIF
Il faudrait nous le faire voir.
####### ISAÏE
Ce que j'ai dit est prophétie.
####### LE JUIF
Écrite en livre?
####### ISAÏE
    Oui, de vie.
Ne le rêvai, mais je l'ai vu.
####### LE JUIF
Et comment?
####### ISAÏE
    Par vertu de Dieu.
####### LE JUIF
Tu me sembles vieux radoteur,
Tu as bien le sens tout troublé.
Tu me sembles vieux et trop mûr.
Puisque tu sais voir au miroir,
Regarde donc dans cette main

« Alors il lui montrera sa main :

Si j'ai le corps malade ou sain.
####### ISAÏE
Tu as le mal de félonie,
Dont ne guériras en ta vie.
####### LE JUIF
Je suis malade?
####### ISAÏE
    Oui, d'erreur.
####### LE JUIF
Quand guérirai-je?
####### ISAÏE
    Plus jamais!

LE JUIF
Maintenant, dis ta devinaille.
ISAÏE
Ce que je dis s'accomplira.
LE JUIF
Redis-nous donc ta vision,
Si c'est verge ou si c'est bâton,
Et de sa fleur que pourra naître.
Nous te tiendrons pour notre maître.
ISAÏE
Or écoutez la grand merveille,
Si grand n'ouït jamais oreille,
Si grand ne fut jamais ouïe,
Depuis que commença la vie.

« *Ecce virgo concipiet*, etc.

Près est le temps, n'est pas lointain,
Ne tardera, presque demain,
Où une vierge concevra,
Et vierge un fils enfantera.
Il aura nom Emmanuel,
Messager sera Gabriel,
Et la vierge sera Marie ;
El portera le fruit de vie,
Jésus, le Christ, notre Sauveur ;
Adam tirera de douleur,
Et remettra en paradis.
Ce que vous dis, de Dieu l'appris,
Certainement s'accomplira,
Devez y mettre votre espoir.

« Alors viendra Nabuchodonosor, revêtu des ornements royaux, comme il convient à un roi : *Nonne misimus tres pueros*, etc.

NABUCHODONOSOR
Oyez un merveilleux miracle,
Jamais pareil ne fut ouï,

> Ce que je vis des trois enfants
> Que je fis mettre en feu ardent.
> Le feu était moult fier et grand,
> Et la flamme claire et bruyante.
> Les trois enfants menaient grand joie
> Là où furent au feu ardent ;
> Chantaient un air si clair et beau,
> Semblait anges fussent du ciel.
> Je regardais, j'en vis un autre,
> Qui réconfort leur apportait :
> Visage avait resplendissant,
> Semblait le fils de Dieu puissant...

La fin manque, mais la pièce ne devait pas être beaucoup plus longue.

Entre toutes les œuvres dramatiques du moyen âge, le *Mystère d'Adam* se distingue par un style ferme et relativement sobre qui rappelle, dans un autre genre, les meilleures de nos chansons de geste. Il y a de la puissance dans la malédiction de Dieu, dans les regrets d'Adam après la faute, et un parfum de poésie naïve dans les flatteries que le démon adresse à la femme. L'auteur n'a pas eu à faire preuve d'invention dans la disposition des scènes, qui lui était fournie par la Bible, sauf à la fin, mais la plupart des dialogues sont fort habilement conduits, notamment celui d'Ève et du démon et celui de Caïn et d'Abel. Les ripostes et les répliques se pressent, vives et alertes, sans que l'intérêt languisse un instant. Il n'est pas douteux qu'un pareil drame n'ait produit sur nos « dévots aïeux » un grand effet.

LA RÉSURRECTION

Il ne nous reste qu'un fragment du vieux *Mystère de la Résurrection*. Il est surtout curieux par les indications qu'il contient sur la mise en scène et les jeux de scène, indications qui sont écrites non pas en latin comme dans le Mystère d'*Adam*, mais en vers français semblables à ceux de la pièce elle-même. Les acteurs devaient sans doute les apprendre en même temps que leurs rôles comme une sorte de théorie.

Le théâtre représentait le Christ en croix, le tombeau, une prison, et d'un côté le ciel, de l'autre l'enfer ; au milieu de la place, la Galilée, et aussi Emmaüs. Les acteurs étaient assis sur les *établies* (voy. ci-dessus p. 11) et répartis par groupes comme suit : d'abord Pilate avec ses vassaux, six ou sept chevaliers, puis Caïphe avec les juifs, en troisième et quatrième lieu Joseph d'Arimathie et Nicodème, chacun avec les siens, en cinquième lieu les disciples du Christ, en sixième lieu les trois Marie.

Joseph va trouver Pilate et le prie de lui livrer le corps de Jésus pour l'ensevelir. Pilate envoie d'abord ses sergents pour s'assurer que le Christ est bien mort. En route, ceux-ci rencontrent l'aveugle Longin, lui donnent une lance, et lui promettent douze deniers pour percer le corps du crucifié. Longin frappe Jésus au cœur, il en sort du sang et de l'eau qui lui coulent sur les mains, et comme il porte la main à ses yeux, il recouvre la vue. De retour vers Pilate, les sergents lui disent que le Christ est mort et ajoutent qu'ils viennent de voir un grand miracle. Pilate leur impose silence, congédie Joseph d'Arimathie en lui accordant la faveur qu'il sollicite, puis demande des détails à ses hommes. Il leur recommande de ne raconter le miracle à personne, de n'y pas croire eux-mêmes et de s'emparer de Longin, qu'ils mettront en prison. Pendant qu'ils exécutent cet ordre, Joseph va trouver Nicodème et le prie de venir l'aider à « dépendre » Jésus. Ils se dirigent vers la croix, accompagnés de deux valets qui portent l'un des tenailles et un marteau, l'autre une boîte à parfums. Nous assistons ensuite à la descente de croix :

JOSEPH
Allez aux pieds premièrement.
NICODÈME
Volontiers, sire, et doucement.
JOSEPH
Montez aux mains, ôtez les clous.
NICODÈME
Seigneur, les ôterai tous deux.

Après avoir enlevé les clous, on descend le corps.

NICODÈME
Doucement prenez-le en vos bras.

Le corps une fois descendu, on le parfume, et on le place sur une civière.

NICODÈME
Seigneur Joseph, êtes l'aîné :
Je vais aux pieds, vous à la tête,
Et vite allons l'ensevelir.
Voyez-vous où pourrons le mettre ?
JOSEPH
J'ai ici un beau monument,
De pierre est fait et tout nouveau.

Allons y tout droit sans retard ;
C'est là qu'aura sa sépulture.

Après qu'il a été mis au tombeau et que la pierre a été placée, Caïphe, qui s'est levé, s'adresse à Pilate et lui conseille de faire garder le tombeau du crucifié. Quatre sergents se lèvent successivement et s'offrent à faire cette garde. On leur fait jurer de s'acquitter loyalement de leur mission, puis ils se rendent au sépulcre, et notre fragment s'arrête au moment où Caïphe leur adresse ses dernières recommandations.

CHAPITRE II

LES POËTES DRAMATIQUES DU XIIIᵉ SIÈCLE : JEAN BODEL, RUTEBEUF, ADAM DE LA HALLE

JEAN BODEL : LE « JEU DE SAINT-NICOLAS »

Un chrétien, fait prisonnier, vante au roi païen, devant lequel on le conduit, la puissance de saint Nicolas. Le roi veut éprouver cette puissance, et prépose la statue du saint à la garde de son trésor. Or, pendant la nuit, des voleurs enlèvent le trésor, et le chrétien va être conduit au supplice; mais saint Nicolas oblige les voleurs à rapporter leur prise, et le roi païen se convertit.

Tel est le sujet que traite Jean Bodel (1) dans son *Jeu de saint Nicolas*. Il y ajoute de longues scènes épisodiques ; ainsi, au début, nous assistons au combat meurtrier où le chrétien est fait prisonnier, et même à la préparation de la guerre ; plus tard, avant et après le vol, nous pénétrons avec les voleurs dans une taverne où ils boivent, jouent et se disputent.

Le miracle de saint Nicolas est raconté dans la *Légende dorée*, et avait été dramatisé au xiiᵉ siècle sous une forme latine ; mais dans la légende et dans les pièces latines, il s'agit d'un juif qui, ayant grande confiance en saint Nicolas, charge une statue du saint

---

(1) Sur Jean Bodel d'Arras, poëte lyrique, épique et dramatique du xiiiᵉ siècle, voyez la *Poésie lyrique au moyen âge*, page 174.

de la garde de ses richesses, qui la menace après le vol, et rentre miraculeusement en possession de son trésor. En inventant le personnage du chrétien, dont la vie dépend de la conservation, puis de la restitution du trésor, Jean Bodel a introduit dans le sujet un élément dramatique qui montre qu'il avait le sens du théâtre. Ce n'est pas non plus sans dessein qu'il a fait de son héros un prisonnier de guerre : il trouvait là l'occasion de mettre sous les yeux des spectateurs un épisode de ces croisades qui passionnaient alors l'opinion publique.

Mais nous allons reprendre la pièce au début, et en suivre le développement. Elle commence par un prologue qui expose en détail le sujet, et où nous apprenons que la représentation était donnée la veille de la saint Nicolas. Dans la première scène, le courrier Auberon annonce au roi que les chrétiens lui courent sus, et dévastent et pillent sa terre. Comme on le voit souvent en pareille circonstance dans les chansons de geste, le roi se tourne vers son idole d'or, Tervagan, et menace de la faire fondre. Puis, sur le conseil de son sénéchal, il devient humble et suppliant :

> Je vous ai dit mainte folie,
> Mais j'étais plus ivre que soupe.
> Merci vous crie et je m'accuse
> A nus genoux et à nus coudes.

Puis il demande à son dieu de lui indiquer par un signe s'il pourra se défendre contre les chrétiens :
« Ris, si je dois gagner la bataille,

> Et pleure si je dois la perdre.
> Sénéchal, que vous est avis ?

> Tervagan a pleuré et ri :
> Ce doit être un signe profond.

Le sénéchal refuse d'interpréter le signe jusqu'à ce que le roi ait juré de ne lui faire aucun mal, en se frappant la dent de son ongle. Il explique alors que le roi triomphera des chrétiens, mais qu'il abandonnera ensuite Tervagan ; c'est pourquoi le dieu a pleuré après avoir ri.

Le roi fait crier le ban de guerre :

> Oyez, oyez, oyez, seigneurs,
> Oyez votre honneur et profit !
> Je fais le ban du roi d'Afrique.
> Que tous y viennent, pauvre et riche,
> Garnis de leurs armes, par ban !

Le courrier Auberon, mandé par le roi, est chargé d'aller convoquer les grands émirs. Il est arrêté en route par le tavernier :

> Céans, fait bon dîner céans :
> Y a chaud pain et chauds harengs,
> Et vin d'Auxerre à plein tonneau.

Auberon boit, discute le prix, et fait une partie de dés avec Cliquet, qui sera plus loin l'un des trois voleurs.

Immédiatement après, nous avons quatre petites scènes où Auberon salue successivement, en termes presque identiques, l'émir d'Iconium, celui d'Orkenie, celui d'Oliferne et celui d'outre l'Arbre-Sec, et leur demande de marcher au secours du roi d'Afrique et d'Arabie. Ensuite, il rend compte au roi de sa mission. Les quatre émirs viennent l'un après l'autre se mettre à la disposition du roi : l'un raconte qu'il a mis trente journées à venir avec des souliers ferrés au milieu de la glace, un autre annonce qu'il amène trente chars pleins de rubis et d'émeraudes.

La guerre peut commencer, et ici le rythme change ; il prend, pour les deux scènes qui suivent, l'allure épique de l'alexandrin (1).

LE SÉNÉCHAL
Roi, puisque vos barons vous sont venus trouver,
Faites-leur sans répit les chrétiens combattre.
LE ROI
Sénéchal, par Mahom ! ne leur manquera guerre :
Seront ou morts ou pris ou chassés de la terre.
Allez-y, sénéchal ; dites-leur de part moi
Qu'en marche sans tarder se mettent sagement.

Les chrétiens s'encouragent à la lutte :

A l'aide, saint Sépulcre ! C'est le moment d'agir !
Sarrasins et païens viennent pour nous combattre.
Voyez les armes luire : tout le cœur m'en éclaire.
Dans le combat sachons montrer notre prouesse.
Contre chacun des nôtres ils sont bien près de cent.
UN CHRÉTIEN
Seigneurs, n'en doutez point, c'est votre dernière heure :
Bien sais tous y mourrons au service de Dieu.
Mais je m'y vendrai cher, si mon fer ne se brise ;
Ne les protégeront ni coiffe ni haubert.
Paradis sera nôtre, à eux sera l'enfer.
Veillez qu'en la mêlée ils rencontrent nos fers.
UN CHRÉTIEN NOUVEAU CHEVALIER
Seigneurs, si je suis jeune, ne m'ayez en mépris ;
On a bien vu souvent grand cœur en corps petit.

Un ange leur apporte la bonne parole :

---

(1) Le même mètre est employé plus haut pour les ordres que le roi donne au courrier Auberon.

> Seigneurs, soyez tous assurés,
> N'ayez plus ni crainte ni peur.
> M'a envoyé Notre-Seigneur,
> Qui vous mettra hors de douleur.
> Ayez le cœur ferme et croyant,
> Exposez hardiment vos corps
> Pour Dieu ! Car c'est ici la mort
> Dont tout le peuple mourir doit,
> Qui Dieu aime de cœur et croit.

Les païens, de leur côté, s'exhortent à ne faire aucun quartier, et le texte ajoute : « Alors les Sarrasins tuent tous les chrétiens. »

Toutefois, l'amiral d'Orkenie présente à ses compagnons un « grand vilain chenu qui adore un Mahomet cornu ». Ce Mahomet cornu est une statuette de saint Nicolas que le prud'homme porte avec lui. On décide qu'au lieu de le tuer on le conduira au roi. Pendant qu'on l'emmène, un ange vient l'encourager, après avoir prononcé une sorte d'oraison funèbre des chrétiens morts :

> Ah ! chevaliers ici couchés,
> A quel point vous êtes heureux !
> Comme aujourd'hui vous méprisez
> Le monde, où tant avez duré.
> Mais, pour le mal qu'avez subi,
> Mon escient, très bien savez
> Quel bien c'est que le paradis,
> Où Dieu met tous les siens amis.
> Sur vous doit bien jeter les yeux
> Tout le monde, et ainsi mourir ;
> Car Dieu moult doucement reçoit
> Ceux qui à lui veulent venir.
> Qui de bon cœur le servira
> Jamais sa peine ne perdra,

Mais sera aux cieux couronné
De la couronne qu'avez tous.

On amène le prud'homme devant le roi, qui déclare qu'il n'a jamais vu un vilain aussi laid, et qui l'interroge sur son Mahomet :

« Sire, c'est là saint Nicolas,
Qui secourt les déconseillés.
Il fait ravoir toutes les pertes,
Il ramène les dévoyés,
Il rappelle les mécréants,
Il rallume les non-voyants,
Il ressuscite les tués.

« Aucun objet confié à la garde du saint ne peut être perdu : quand le palais serait plein d'or, s'il était couché sur le trésor, personne n'y pourrait toucher. Telle est la grâce que Dieu lui a donnée. »
— « Je veux le mettre à l'épreuve, dit le roi, et lui confier mon trésor. Mais si j'y perds la moindre chose, fût-ce seulement plein mon œil, tu subiras le dernier supplice, par le feu ou la roue.

Sénéchal, mène-le à Durand,
Mon tourmenteur et mon bourreau.
LE SÉNÉCHAL
Durand, Durand, ouvre la chartre ;
Pour toi seront ces peaux de martre.

Durand, dont la massue effraie le prud'homme, commence par grommeler.

DURAND
Ma foi ! soyez le mal venu !
LE PRUD'HOMME
Comme votre massue est grosse !

> DURAND
>
> Entre, vilain, en cette fosse ;
> Aussi bien la prison est vide.
> Mes tenailles n'auront repos
> Tant que tu auras dent en gueule.

L'ange apporte de nouveaux encouragements au prud'homme, et lui annonce la conversion prochaine du roi.

Cependant, le roi ordonne d'ouvrir ses coffres, de placer le « Nicolas » sur son trésor, et d'éloigner les sentinelles. Puis il fait crier sur la place que son trésor est à la merci de qui voudra l'enlever, car nul ne le garde,

> Hors seul un Mahomet cornu,
> Tout mort, car il ne se remue.

A ce moment, le tavernier ordonne à son crieur Raoulet d'annoncer son bon vin d'Auxerre. Les deux crieurs se rencontrent, s'injurient, se battent, et le tavernier met fin à la lutte en prenant aussi le crieur du roi à son service. Raoulet fait son boniment, un pot de vin et une coupe à la main :

> Le vin nouvellement percé,
> A plein lot et à plein tonneau !
> Grimpant comme écureuil en bois,
> Sans nul goût de pourri ni d'aigre,
> Clair comme larme de pécheur !...
> Vois comme il mange son écume,
> Etincelle et saute et frétille !...

Pince-dé, Cliquet et Rasoir arrivent successivement, et font ensemble honneur au vin. Cette scène de taverne devait avoir le même succès que les scènes analogues dans les mélodrames modernes.

Mais la plupart des plaisanteries des buveurs nous échappent aujourd'hui ; ils vident force pots, jouent, se querellent et se battent. On appelle l'hôte pour les séparer :

> Votre gage court de grands risques,
> Car ces ribauds tout se déchirent,
> Et n'ont habit qui guère vaille.

La paix faite, comme la nuit s'avance et que la lune est cachée, les trois compères, qui ont formé le projet d'aller enlever le trésor du roi, empruntent un sac au tavernier et se dirigent vers le palais.

Ils constatent que le roi et ses barons dorment, puis ils versent dans le sac le contenu du coffre le plus lourd et reviennent frapper à la porte de la taverne. L'hôte leur ouvre et leur fait bel accueil : il fait apporter double chandelle et son meilleur vin, et le jeu recommence ; bientôt ils se reprennent aux cheveux, se réconcilient de nouveau, et finissent par s'endormir.

Suivent plusieurs scènes très courtes : 1° le sénéchal se réveille après un rêve où il a vu la terre s'effondrer sous le trésor royal ; 2° le sénéchal annonce au roi que son trésor a été emporté, et le roi, furieux, ordonne qu'on amène devant lui le prisonnier chrétien ; 3° le sénéchal transmet cet ordre au geôlier Durand.

Le roi ordonne à Durand d'imaginer une cruelle mort pour détruire le chrétien, et le bourreau répond qu'il lui fera souffrir une mort qui durera deux jours. Mais le prud'homme obtient du roi un sursis jusqu'au lendemain matin. Ramené dans sa prison, il invoque saint Nicolas, et l'ange vient, pour la troisième fois, le réconforter.

Cependant saint Nicolas va réveiller les voleurs, et leur ordonne de rapporter le trésor au palais et de remettre sa statue en place. Ils sont fort effrayés, et le tavernier, qui a peur d'être compromis, les met à la porte en retenant, pour son paiement, la cape de Cliquet.

Les trois voleurs rapportent le trésor, en résistant à la tentation d'y prendre une poignée de pièces d'or. Puis ils se séparent, pour aller, chacun de leur côté, faire quelque bon coup qui les remette à flot.

PINCE-DÉ
> J'ai épié une lessive,
> Que j'aiderai à relever.

RASOIR
> Pince-dé, tâche à bien pincer.

PINCE-DÉ
> Dieu nous ramène à plus d'avoir !

RASOIR
> Adieu, Cliquet !

CLIQUET
> Adieu, Rasoir !

Le roi et le sénéchal se réveillent après d'heureux rêves ; ils constatent que le trésor et le saint Nicolas sont en place, et que le trésor est doublé. On va chercher le prud'homme, que le geôlier Durand ne livre qu'à regret :

> J'eus grand tort
> De ne vous pendre par les pouces,
> Ni vous tirer les dents molaires.

Le roi, le sénéchal, et Durand lui-même, se convertissent : « Seigneur, dit le roi à saint Nicolas, je deviens votre homme,

> Je laisse Apollon et Mahom
> Et ce vaurien de Tervagan. »

Les émirs suivent l'exemple du roi, à l'exception de celui d'outre l'Arbre-Sec, que l'on fait se prosterner par force devant la statue de saint Nicolas.

Sur l'ordre du roi, le sénéchal renverse de son piédestal la statue de Tervagan, qui prononce des paroles inintelligibles. Le sénéchal dit à Tervagan :

> Tervagan, du rire et du pleur,
> Que fîtes en votre douleur,
> Vous allez voir la prophétie.
> Décomptez-moi toutes ces marches !
> Ne vous prisons plus que vessie.

Et la pièce se termine par le chant du *Te Deum*.

LE PRUD'HOMME
A Dieu donc devons-nous chanter
Ce jour : *Te Deum laudamus.*

Toute cette fin est pittoresque et curieuse ; mais le drame de Bodel vaut surtout par les scènes, justement célèbres, qui précèdent et qui suivent immédiatement la bataille. Dans leur émouvante simplicité, elles s'élèvent à la hauteur des plus belles inspirations de notre génie épique.

RUTEBEUF : LE MIRACLE DE « THÉOPHILE »
LE DIT DE « L'HERBERIE »

Comme auteur dramatique, Rutebeuf (1) est certainement inférieur à Jean Bodel. Son *Miracle de Théophile* n'a guère d'intérêt que parce qu'on y trouve l'idée du Faust. Théophile était vidame d'une église de Cilicie. Disgracié par son évêque, il signe un pacte avec le diable ; mais au bout de sept ans, il se repent et implore Notre-Dame, qui oblige le diable à rendre le pacte, et la pièce se termine par le chant du *Te Deum*, comme le jeu de « saint Nicolas ». Les particularités de la versification méritent d'être notées : à chaque réplique (et nous constaterons le même usage chez Adam de la Halle et dans les *Miracles de Notre-Dame*), les acteurs trouvaient dans le dernier vers prononcé la rime du premier vers de leur rôle ; c'était là un moyen ingénieux de secourir leur mémoire. La versification est d'ailleurs très variée : à côté des octosyllabes, on a le rythme en deux mètres si souvent employé par Rutebeuf dans ses satires :

Si je reni saint Nicolas
Et saint Jehan et saint Thomas,
　　Et Notre-Dame,
Que fera ma chétive d'âme ?

---

(1) Sur Rutebeuf, voyez la *Poésie lyrique en France au moyen âge*, pages 195 et suiv., 1 vol. in-8°. Lecène, Oudin et Cie.

> Elle brûlera en la flamme
> D'enfer le noir (1).

On a également des stances de quatre alexandrins, comme dans une partie du *Mystère d'Adam*, et des strophes de douze petits vers de six syllabes.

Rutebeuf a aussi composé, sous le titre du *Dit de l'herberie*, un véritable « monologue ». C'est un boniment de charlatan, vendeur d'herbes médicinales. Ici nous retrouvons la verve et l'entrain du grand satirique du XIIIe siècle. Après un début en vers, le charlatan continue ainsi (2) :

« Belles gens, je ne suis pas de ces pauvres prêcheurs ni de ces pauvres herbiers qui vont par devant les églises, avec de pauvres chapes mal cousues, qui portent des boîtes et des sachets, et étendent un tapis. Car tel vend poivre et cumin et autres épices, qui n'a pas autant de sachets qu'ils en ont. Sachez que de ceux-là je ne suis pas ; mais je suis à une dame qui a nom madame Trote de Salerne (3), qui fait un couvre-chef de ses oreilles, et les sourcils lui pendent avec des chaînes d'argent par-dessus les épaules ; et sachez que c'est la plus sage dame qui soit dans les quatre parties du monde. Ma dame nous envoie ainsi en diverses terres et en divers pays, en Pouille, en Calabre, en Toscane, en Terre de Labour, en Allemagne, en Saxe, en Gascogne, en Espagne,

---

(1) On remarquera que le petit vers rime avec les deux octosyllabes qui suivent. — Pour plus de détails sur cette pièce, voyez le *Rutebeuf* de la Collection des grands écrivains français (Hachette, 1891).

(2) Nous empruntons cette traduction à l'ouvrage cité dans la note précédente.

(3) Allusion à Trotola de Roggeri, médecin célèbre de Salerne au XIe siècle.

en Brie, en Champagne, en Bourgogne, en la forêt d'Ardenne, pour occire les bêtes sauvages et pour en tirer les onguents pour donner médecines à ceux qui ont les maladies dans le corps. Ma dame me dit et me commanda que, en quelque lieu que je vinsse, je disse certaines choses pour que ceux qui seraient autour de moi y prissent bon exemple; et, parce qu'elle me fit jurer sur des reliques quand je la quittai, je vous apprendrai à vous guérir du mal des vers si vous le voulez ouïr. De par Dieu!

« Quelques-uns me demandent d'où les vers viennent. Je vous fais assavoir qu'ils viennent de diverses viandes réchauffées et des vins mis en fûts et boutés. Ils se créent dans le corps par la chaleur et par l'humeur, car, comme disent les philosophes, toutes choses sont créées par la chaleur et par l'humeur, et pour cela viennent les vers dans le corps, qui montent jusqu'au cœur, et font mourir d'une maladie qu'on appelle mort subite. Faites le signe de la croix ! Dieu vous en garde tous et toutes.

« Pour la maladie des vers guérir, à vos yeux vous la voyez, sous vos pieds vous la foulez, la meilleure herbe qui soit dans les quatre parties du monde, c'est l'armoise. Les femmes s'en ceignent le jour de la Saint-Jean, et en font des chapeaux sur leur tête, et disent que la goutte ni le vertige ne peut les prendre ni à la tête, ni aux bras, ni aux pieds ni aux mains ; mais je m'étonne que leur tête ne se brise, et que leur corps ne se rompe par le milieu, tant l'herbe a de vertu en soi. Dans cette Champagne, où je suis né, on l'appelle marrebour, ce qui veut dire la mère des herbes. De cette herbe vous prendrez trois racines, cinq feuilles de sauge, neuf feuilles de plantain. Battez ces choses en un mortier de cuivre, avec un pilon de fer, prenez le jus à jeun par trois matins, vous serez guéri de la maladie des vers.

« Or, ôtez vos chaperons, tendez les oreilles, regardez mes herbes que ma dame envoie en ce pays et en cette terre; et parce qu'elle veut que le pauvre y puisse aussi bien arriver que le riche, elle m'a dit d'en donner pour un denier ! Car tel a un denier dans sa bourse qui n'y a pas cinq livres. Et elle me dit et me commanda que je prisse un denier de la monnaie qui aurait cours dans le pays et dans la contrée où je viendrais : à Paris un parisis, à Orléans un orléanois, à Etampes un étampois, à Bar un barrois, à Vienne un viennois, à Clermont un clermondois, à Dijon un dijonnois, à Mâcon un mâconnois, à Tours un tournois, à Troyes un tressien, à Reims un reincien, à Provins un provenésien, à Amiens un monsien, à Arras un artésien, au Mans un mansois, à Chartres un chartain, à Londres en Angleterre un esterlin; pour du pain, pour du vin à moi; pour du foin, pour de l'avoine à mon roussin; car celui qui sert l'autel doit vivre de l'autel. Et je dis que s'il y avait si pauvre, ou homme ou femme, à n'avoir que donner, qu'il s'avance : je lui prêterais l'une de mes mains pour Dieu, et l'autre pour sa mère, à la condition que d'aujourd'hui en un an il fît chanter une messe du Saint-Esprit, je dis nommément pour l'âme de ma dame, qui ce métier m'apprit...

« Ces herbes, vous ne les mangerez pas; car il n'y a si fort bœuf en ce pays, ni si fort destrier, qui, s'il en avait aussi gros qu'un pois sur la langue, ne mourût de male mort, tant elles sont fortes et amères; et ce qui est amer à la bouche est bon au cœur.

Vous me les mettrez trois jours dormir en bon vin blanc; si vous n'avez du blanc, prenez du rouge; si vous n'avez du rouge, prenez du châtain; si vous n'avez du châtain, prenez de la belle eau claire; car tel a un puits devant sa porte, qui n'a pas un tonneau de vin dans sa cave. Vous en boirez à jeun treize matins. Si vous y manquez un matin, prenez-en un autre; si vous y manquez le quatrième, prenez-en le cinquième; car ce ne sont pas des sortilèges. Et je vous dis, par le supplice que Dieu infligea à Corbitaz, le Juif qui forgea dans la tour d'Abilant, à trois lieues de Jérusalem, les trente pièces d'argent pour lesquelles Dieu fut vendu, que vous serez guéri de diverses maladies et de diverses infirmités; de toutes fièvres, sans excepter la fièvre quarte, de toutes gouttes, sans excepter la palatine, de l'enflure du corps. Car si mon père et ma mère étaient en danger de mort, et s'ils me demandaient la meilleure herbe que je leur pusse donner, je leur donnerais celle-ci. C'est ainsi que je vends mes herbes et mes onguents; qui voudra en prenne, qui ne voudra pas les laisse! »

ADAM DE LA HALLE : LE JEU DE « LA FEUILLÉE », LE JEU DE « ROBIN ET MARION »

Arras a été au moyen âge un centre très important de mouvement littéraire. Adam de la Halle, dit Adam le Bossu, — bien qu'il ne fût pas bossu, — était d'Arras comme Jean Bodel, et comme lui il a cultivé à la fois la poésie lyrique (1) et la poésie dramatique.

Nous avons de lui deux pièces fort curieuses, le *Jeu de la feuillée*, et le *Jeu de Robin et de Marion*.

Le Jeu de la feuillée

La scène se passe sous la feuillée, où se trouvent réunis plusieurs habitants d'Arras, avec l'auteur même de la pièce, Adam de la Halle. Adam raconte qu'après être resté quelque temps marié, il « retourne au clergé » et se rend à Paris « pour apprendre ».

ADAM

Seigneurs, savez pourquoi j'ai mon habit changé ?
J'ai été avec femme, et retourne au clergé.
Mais je veux de vous tous, avant, prendre congé
Or ne pourra pas dire aucun que j'ai hanté,
Que d'aller à Paris me sois pour rien vanté.
Chacun peut revenir (2), tant fût-il enchanté (3)
Après grand maladie ensuit bien grand santé.

---

(1) Voy. *Poésie lyrique au moyen âge*, page 221 et suiv.
(2) Revenir à sa première condition.
(3) Ensorcelé.

« D'autre part n'ai ici mon temps si bien perdu
Qu'à aimer ne me sois loyaument entendu.
Par les tessons on voit encor quel le pot fut !
Je m'en vais à Paris.
   UN VOISIN, DU NOM DE RIQUIER
      Chétif ! qu'y feras-tu ?
Jamais d'Arras bon clerc ne vint,
Et tu veux en faire un de toi !
Ce serait grande abusion.

Adam déclare que, Dieu lui ayant donné quelque esprit, il doit s'appliquer à le façonner par l'étude et à le tourner au bien.

— Mais votre femme, que deviendra-t-elle ? — Elle restera ici avec mon père. — Maître, il n'en ira point ainsi. Je la connais assez pour savoir que, si elle peut se mettre en route, elle vous suivra sans répit.

Adam répond par une grossièreté, que nous ne pouvons reproduire ici.

— Maître, vous ne pouvez vous en aller ainsi. Quand la sainte Eglise apparie deux personnes, ce n'est point à refaire. Il faut prendre garde avant l'engrenage. — Cela est facile à dire, répond Adam. Qui s'en fût gardé mieux que moi ?

  Amour me prit juste en ce point
  Où un amant deux fois se point (1)
  S'il se veut contre lui défendre.
  Pris fus à l'âge où le sang bout,
  Tout droit en la verte saison
  En l'âpreté de la jeunesse,
  Où la chose a plus grand saveur ;
  Car nul n'y poursuit son profit,

(1) Se pique.

Hors ce qui lui vient à désir.
Il faisait été bel et gent,
Doux et clair et vert et fleuri,
Délectable en chants d'oisillons,
En haut bois, près d'une fontaine
Courant sur gravier émaillé :
Me vint alors la vision
De celle que j'ai pris pour femme,
Qui me semble si pâle et jaune !
Qu'elle était lors blanche et vermeille,
Fine, riante et amoureuse !
Hui la vois grasse, mal taillée,
Triste et maussade.

RIQUIER

C'est trop fort !
Vraiment êtes-vous bien muable
Quand des formes si délectables
Vous avez si vite oubliées.

ADAM

Mais Amour oint si bien les gens
Et chaque grâce il illumine
En femme, et fait sembler si grande
Que l'on pense d'une truande
Qu'elle soit telle qu'une reine (1).
Ses cheveux semblaient reluisants,
D'or, bouclés, fermes, frémissants :
Ils tombent hui, pendants et noirs.
Tout me semble en elle changé.

Adam continue l'énumération : sa femme avait le front large et uni, il le voit maintenant ridé et étroit. Elle paraissait avoir les sourcils arqués, fins et alignés : il les voit épars et dressés comme s'ils voulaient voler en l'air. Ses yeux, qui sont noirs et

---

(1) Tout ce développement rappelle le passage célèbre de Lucrèce, que Molière a traduit dans le *Misanthrope* (II, 5).

secs, lui semblaient vairs et caressants ; et descendait entre les deux

> Le tuyau du nez bel et droit ;
> Autour avait de blanches joues,
> Faisant au rire deux fossettes,
> Un peu teintées de vermeil.
> Dieu ne fût pas venu à bout
> De faire un visage pareil,
> Tel que le sien lors me semblait.
> La bouche après se poursuivait,
> Grêle aux coins et grosse au milieu,
> Fraîche et vermeille plus que rose.

Elle avait des dents blanches et serrées, et un menton à fossette

> D'où naissait la blanche gorgette.

Sa nuque faisait un léger repli sur la cotte. De ses épaules bien posées descendaient des bras élégants terminés par de blanches mains aux doigts effilés et aux beaux ongles sanguins. Le reste était à l'avenant : les reins « cambrés comme les manches d'ivoire sculptés des couteaux de demoiselles, » etc. Elle s'aperçut bien, continue Adam,

> Que je l'aimais bien mieux que moi
> Et se tint vers moi fièrement ;
> Et plus fière elle se tenait,
> Plus et plus croître en moi faisait
> L'amour et son impatience.
> Puis s'y mêla la jalousie,
> Désespérance et folles craintes,
> Et plus et plus fus en ardeur
> Pour son amour ; moins me connus,
> Si bien que plus aise ne fus
> Qu'en faisant d'un clerc un mari.

> Bonnes gens, ainsi fus-je pris
> Par Amour, qui m'avait surpris ;
> Car n'avait pas tant de beauté
> Comme Amour le me fit sembler.

Mais il est juste qu'il reprenne possession de lui-même, avant que des enfants naissent et que la chose lui coûte davantage.

— Maître, dit Riquier, si vous me la laissiez, elle serait bien de mon goût. — Je vous en crois sans peine, riposte Adam. Mais plaise à Dieu qu'il ne m'en mésarrive pas ! Je n'ai pas besoin de plus de malheur ! Mais je voudrais réparer ma perte, et, pour apprendre, courir à Paris.

Survient le père d'Adam, maître Henri, dont le poète va railler l'avarice et la gourmandise :

> MAITRE HENRI
> Ah ! beau doux fils, que je te plains
> Quand as ici tant attendu,
> Pour femme tant de temps perdu !
> Agis en sage, pars enfin !
> GUILLOT
> Or, donne-lui donc de l'argent :
> Pour rien n'est-on point à Paris.
> MAITRE HENRI
> Las ! Pauvre homme ! Où serait-il pris ?
> Je n'ai plus que vingt et neuf livres...
> Beau fils, fort êtes et agile :
> Par vous-même vous aiderez.
> Suis un vieil homme, plein de toux,
> Malade, las et plein de rhume.

Un charlatan (le texte dit un physicien, c'est-à-dire un médecin), qui était là ou qui survient, s'adressant à maître Henri :

> Bien sais de quoi êtes malade.
> Foi que je vous dois ! maître Henri,
> Je vois bien votre maladie,
> C'est un mal qu'on nomme avarice.

Il ajoute qu'il connaît bien des gens atteints du même mal et qu'à Arras même il y en a plus de deux mille ; puis il cite quelques noms, qui devaient provoquer l'hilarité du public.

Maître Henri s'approche de nouveau du médecin, et se plaint d'avoir le ventre enflé ; il apporte un urinal, et le médecin, après en avoir examiné le contenu, lui déclare qu'il a le mal de saint Léonard ; trois autres habitants d'Arras (dont il cite les noms) ont le même mal, qui vient d'emplir trop plein sa panse. Une dame s'approche à son tour ; la consultation qu'elle reçoit, et que nous ne pouvons reproduire ici, amène des plaisanteries sur les femmes terribles d'Arras, avec exemples à l'appui.

Un moine entre en scène, avec des reliques de saint Acaire :

> Seigneurs, monseigneur saint Acaire
> Vous est ci venu visiter.
> Approchez tous pour le prier,
> Et mette chacun son offrande ;
> Car n'y a saint, jusqu'en Irlande,
> Qui si belles miracles fasse :
> De l'homme le démon il chasse
> Par le saint miracle divin,
> Et il guérit de la folie
> Communement et sots et sottes.
> Souvent vois des plus idiotes
> Venir à notre moûtier d'Haspre,
> Qui au départ sont bien guéries ;
> Car le saint est de grand mérite.

> Avec une aumône petite
> Vous ferez bien venir de lui.

On pousse en avant un nommé Walet; c'est un de ses compatriotes, qu'Adam de la Halle met en scène, et probablement sous son vrai nom :

> Or ça ! Walet, avance-toi ;
> Ne crois qu'y ait plus sot que toi.

Walet offre à saint Acaire un bon fromage gras. On s'amuse à mettre son intelligence à l'épreuve :

> Walet, par le grand saint Acaire !
> Que voudrais-tu avoir donné
> Pour que tu sois à tout jamais
> Si bon ménétrier que ton père ?

Et Walet répond :

> Beau neveu, je voudrais bien être
> Aussi bon vielleur qu'il fut,
> Et qu'on m'eût par le col pendu
> Ou bien qu'on m'eût coupé la tête !

« Par ma foi, remarque le moine, celui-ci est vraiment bête ; allons, baise le reliquaire, et va-t'en, car la foule approche. »

On apporte de l'argent au saint, pour des personnes qui n'ont pu venir. Le moine excite la générosité des fidèles :

> Est-il plus personne qui mette ?
> Avez-vous oublié le saint ?

On apporte une mesure de blé au nom d'un autre absent. Puis un père fait avancer son fils idiot. Les propos décousus du fou amènent des plaisanteries, qui ne sont pas toujours intelligibles pour nous, des coq-à-l'âne, des personnalités qui devaient être saluées au passage par les rires de l'assistance, mais dont le sel nous échappe forcément. L'auteur y mêle des récriminations contre le pape Alexandre IV, alors mort, mais qui, quelques années auparavant, avait renouvelé les censures ecclésiastiques contre les clercs (non encore pourvus des ordres majeurs) qui épousaient des veuves et encourageaient ainsi le reproche canonique de « bigamie ». Adam oppose la sévérité dont on use vis-à-vis des pauvres clercs, à la liberté dont jouissent les prélats.

Le moine invite le père du fou à faire son offrande à saint Acaire, et à ramener son fils le lendemain, car il a besoin de repos.

On engage alors le moine à mettre ses reliques en lieu sûr ; car il doit y avoir cette nuit même et à cette place « une grande merveille de féerie » ; dame Morgue et sa compagnie doivent venir s'asseoir à la table préparée pour elles et y manger à loisir. Bientôt on entend les gens d'Hellekin qui arrivent au bruit des clochettes. Le messager Croque-Sots explique qu'il est envoyé à la fée Morgue par le roi Hellekin son maître ; dame Morgue arrive à son tour, elle répond au salut de Croque-Sots, le fait asseoir, et indique la place de ses deux compagnes, les fées Maglore et Arsile ; Maglore manifeste son mécontentement qu'on ne lui ait pas préparé de coussin comme aux deux autres. Morgue tâche de la calmer, et fait remarquer à ses compagnes combien ce lieu est « beau, clair et net. » Arsile ajoute : « Il est juste que celui qui s'est entremis de disposer pour nous un tel lieu ait un beau don de nous. » — « Mais qui est-ce ? » dit Morgue.

Croque-Sots se charge de répondre : il est arrivé avant que tout fût prêt, et il a vu mettre la table par deux clercs, dont l'un est Adam, fils de maître Henri. Tous les deux reçoivent les dons de Morgue et d'Arsile ; voici ceux qui échoient à Adam de la Halle :

MORGUE
Que ce soit le plus amoureux
Qui soit trouvé en nul pays.
ARSILE
Aussi je veux qu'il soit joyeux
Et bon façonneur de chansons.

Maglore ne veut pas faire de dons à ceux qui ont négligé de lui réserver un coussin ; et comme dame Morgue insiste : « Je veux, dit-elle, que l'un soit pelé et n'ait pas de cheveux par devant ;

Pour l'autre qui se va vantant
D'aller à l'école à Paris,
Je veux qu'il soit acoquiné
Avec ses compagnons d'Arras,
Et qu'il s'oublie entre les bras
De sa femme, si molle et tendre,
Et qu'il perde le goût d'apprendre
Et qu'il renonce à son voyage. »

Après cet incident, dame Morgue prend connaissance du message apporté par Croque-Sots : Hellekin la prie d'amour ; mais elle aime un damoiseau d'Arras, qu'elle nomme ; c'est ici l'occasion pour Adam d'attaquer un nouveau personnage. On en dit tant sur son compte que dame Morgue se repent d'avoir délaissé pour lui « le plus grand prince qui soit en féerie », et elle charge Croque-Sots de porter ses amitiés à Hellekin.

L'attention du spectateur est alors appelée sur une grande roue. Elle est tenue par une femme, dont Morgue dit :

> A celle qui la roue tient
> Chacune de nous appartient ;
> Elle est, depuis qu'elle fut née,
> Muette, sourde et aveuglée.
> CROQUE-SOTS
> Comment la nomme-t-on ?
> MORGUE
>   Fortune.
> A toute chose elle est commune,
> Et le monde elle a dans sa main ;
> Car le même homme elle peut faire
> Pauvre aujourd'hui, riche demain,
> Et ne sait point qui elle avance.
> N'y doit nul avoir confiance,
> Si haut qu'il soit un jour monté.
> Car, dès que la roue a tourné,
> Il lui faut bien descendre en bas.

Deux personnages sont représentés au sommet de la roue. « Qui sont ces deux ? » demande Croque-Sots. Dame Morgue hésite à répondre, « car il ne fait pas bon tout dire. » Mais Maglore qui, dans son courroux, ne ménage rien, se hâte de les nommer. D'autres personnages, figurés à diverses places sur la roue, sont aussi nommés, et chacun d'eux est l'objet de remarques satiriques.

Mais le jour approche, et les fées doivent se retirer, d'autant plus que les vieilles femmes de la ville les attendent dans le pré voisin. L'une d'elles vient se plaindre du retard : c'est celle qui, au commencement de la pièce, a consulté le charlatan. Elle veut se venger de celui qui lui a fait et dit outrage devant tout le monde ; les fées promettent de l'y aider et de mettre bientôt le coupable « à point dans son lit », comme elles ont fait la nuit précédente à un autre bourgeois d'Arras. Puis elles partent, en chantant un motet.

Restent sur la scène le moine, qui a fait un somme pendant la féerie, et Hane le mercier. Le moine déclare par saint Acaire qu'il ne s'en ira pas avant d'avoir mangé un morceau. Hane se charge de le mener au cabaret voisin, et le moine partage avec lui un crêpet, don de quelque dévot de saint Acaire. La table est mise au cabaret, et nous y revoyons la plupart des personnages de la pièce, qui s'y trouvent déjà ou qui ne tardent pas à arriver. Nous ne comprenons plus aujourd'hui la plupart des plaisanteries des buveurs ; d'autre part, ici comme dans le reste de la pièce, nous ne pouvons nous rendre compte de l'effet produit par les jeux de scène, dont quelques-uns à peine sont indiqués.

Le médecin dit aux buveurs (on combattait déjà l'alcoolisme) :

> Certes, seigneurs, vous vous tuez !
> Vous serez tous paralytiques
> (Ou médecine serait fausse)
> Quand à cette heure êtes céans !

Puis il conclut :

> Çà ! une fois
> Me donnez, s'il vous plaît, à boire.

Le moine s'est endormi de nouveau ; on s'entend pour le berner. Quand il se réveille, on lui raconte qu'Hane a joué et perdu pour lui, et qu'il doit tout.

Comme il proteste, l'hôte refuse de le laisser partir :

> Vous attendrez le chant du coq
> Ou vous me laisserez ce froc :
> Le corps aurez, et moi l'écorce.

Il se décide à laisser en gage son reliquaire : « Maintenant je puis prêcher, » dit l'hôte. Et au nom de saint Acaire, il ordonne à ses clients de bien boire.

Le fou, accompagné de son père, vient faire et dire de nouvelles excentricités ; il se précipite sur la table, et l'un des buveurs doit tenir la nappe, l'autre le pot.

A la fin, le moine retire son reliquaire :

> « Or çà ! rendez-moi mes reliques :
> Voici douze sous que je dois.
> Vous renie et votre taverne ;
> Si j'y reviens, diable m'emporte ! »

Et tout le monde rentre chez soi.

Telle est cette pièce singulière, qui rappelle les comédies d'Aristophane par le cynisme de quelques expressions, par la fantaisie de la partie féerique, et par la mise sur la scène de personnages vivants, à commencer par l'auteur, sa femme et son père.

La pièce se compose de deux grandes scènes, coupées par un intermède féerique. Il n'y a aucune intrigue ; c'est simplement, comme on dirait aujourd'hui, une « tranche » de la vie populaire d'Arras au XIIIe siècle. On assiste aux petits incidents que la vie de chaque jour ramenait sur la place publique et dans les cabarets, et on voit défiler, comme dans une « revue de fin d'année », toute une série de types curieux, le charlatan, le moine aux reliques, l'idiot, etc.

Nous sommes choqués de voir Adam de la Halle exposer sa propre femme, comme Rutebeuf le fait aussi dans ses satires, à la risée publique ; mais sous les plaisanteries, qui sont du rôle, on sent je ne sais quelle émotion sincère, et, quoi qu'il en dise, on le soupçonne d'aimer encore sa femme comme aux jours de la « verte saison ».

Il est bien évident que beaucoup d'allusions et beaucoup d'effets comiques sont perdus pour nous, mais ce que nous pouvons comprendre ou deviner justifie amplement le bel éloge que M. Gaston Paris a fait du *Jeu de la feuillée* : « œuvre unique dans la littérature du moyen âge, pleine de poésie, de grossièreté, de charme, de malice, de satire et de fantaisie. »

Le Jeu de Robin et de Marion

Nous avons défini ailleurs la pastourelle (1) et indiqué la place que tiennent Robin et Marion dans ce genre de poésie lyrique. *Le Jeu de Robin et Marion* n'est autre chose qu'une pastourelle développée et mise en action. On a dit que c'était notre premier opéra comique, et en effet on y chante des fragments de pastourelle, et une partie du dialogue est mise en musique. Au commencement de la pièce, Marion chante :

> Robin m'aime, Robin m'a,
> Robin m'a demandée et il m'aura.

(1) *La Poésie lyrique en France au moyen âge*, pages 36 et 179.

> Hé ! Robin, si tu m'aimes,
> Par amour mène m'en.

Et le chevalier qui arrive chante de son côté cet autre fragment de pastourelle :

> Je m'en revenais du tournoyëment,
> Je trouvai Marotte seulette
> Au corps gent.

Le chevalier salue Marion et la conversation s'engage. L'intrigue est d'une simplicité enfantine, comme dans les pastourelles : aux avances du chevalier, Marion répond qu'elle aime Robin, et le chevalier s'en va. Puis il repasse par là, renouvelle ses instances, et comme Robin survient, il lui cherche querelle, le bat et enlève la bergère sur son cheval ; mais elle lui résiste et il la laisse aller. La pièce se termine par une scène de réjouissances entre les bergers et par les fiançailles de Robin et de Marion.

Nous reviendrons sur quelques-unes de ces scènes pour signaler ce qu'elles offrent de particulièrement intéressant.

Le chevalier demande à Marion pourquoi elle chante si volontiers : « Hé ! Robin, si tu m'aimes, — Par amour mène m'en », et Marion répond :

> Beau sire, il y a bien de quoi,
> J'aime Robinet et lui moi ;
> Et bien m'a montré qu'il m'a chère :
> M'a donné cette panetière,
> Cette houlette et ce couteau.

Le chevalier, qui est en chasse et qui tient un faucon sur le poing, demande à Marion, qui lui répond par des plaisanteries et des calembours, si elle n'a pas vu passer des oiseaux, et le dialogue continue ainsi :

MARION
Et où allez-vous ?

LE CHEVALIER
En rivière.

MARION
Robin n'est pas de tel manière,
On a vers lui plus de plaisir ;
Toute la ville il met en bruit
Quand il jouë de sa musette.

LE CHEVALIER
Or dites, douce bergerette,
Aimeriez-vous un chevalier ?

MARION
Beau sire, n'approchez pas tant.
Je ne sais que chevaliers sont.
Plus que tous les hommes du monde
Je ne veux aimer que Robin.
Il vient le soir et le matin
A moi tous les jours sans manquer,
Et m'apporte de son fromage...

LE CHEVALIER
Or me dites, douce bergère,
Voulez-vous venir avec moi
Jouer sur ce beau palefroi
Le long du bosquet, en ce val ?

MARION
Sire, éloignez votre cheval,
Peu s'en faut qu'il ne m'ait blessée.
Celui de Robin point ne rue
Quand je vais suivant sa charrue..
Comment vous nomme-t-on ?

LE CHEVALIER
Aubert.

MARION (*chantant*)
Perdez votre peine, sire Aubert,
Je n'aimerai d'autre que Robert.

Pendant que le chevalier se retire, Marion chante encore :

> Trairi deluriau deluriau delurièle
> Trairi deluriau deluriau delurot.

C'est le refrain d'une pastourelle, dont le chevalier reprend le premier couplet :

> Ce matin chevauchais à lisère d'un bois,
> Trouvai gente bergère, si belle ne vit roi.
> Ilé ! trairi deluriau deluriau delurièle,
> Trairi deluriau deluriau delurot.

Le chevalier parti, Marion appelle Robin en chantant :

> Ilé ! Robechon,
> Leure leure va,
> Viens donc à moi,
> Leure leure va !

Et Robin répond :

> Ilé ! Marion,
> Leure leure va,
> Je vais à toi,
> Leure leure va !

MARION

Robin !

ROBIN

Marote !

MARION

D'où viens-tu ?

ROBIN

Par tous les saints ! j'ai revêtu,
Comme il fait froid, cotte de bure,
Et t'apporte des pommes, tiens.

MARION

Robin, je te reconnus bien
Au chanter, comme tu venais.
Et tu ne me reconnaissais ?

ROBIN

Si fait ! au chant et aux brebis.

MARION

Robin, tu ne sais ? doux ami,
Et ne me le tiens point à mal,
Ici vint un homme à cheval,
Et il portait comme un milan
Sur son poing ; beaucoup me pria
D'aimer, mais peu y réussit,
Car je ne te ferai nul tort.

ROBIN

Marote, tu m'aurais tué !
Mais si j'y fusse à temps venu,
Ou moi, ou Gautier le Têtu,
Ou Baudon, mon cousin germain,
Diables y eussent mis les mains,
Point ne fût parti sans bataille.

MARION

Robin, plus ne t'en inquiète.
Mais entre nous faisons la fête.

Robin s'assied près de Marion, et ils font, en devisant, un frugal repas avec des pommes et du fromage. Puis commence un duo.

ROBIN

Marote, je veux éprouver
Si tu m'es loyale miette,
Car tu m'as trouvé amiet.
          (*En chantant*)
Bergeronnette,
Douce fillette,
Donne-le-moi, ton petit chapeau,
Donne-le-moi, ton petit chapeau.

MARION (*chantant*)
Robin, veux-tu que je le mette
Sur ta tête, par amourette ?
ROBIN (*chantant*)
Oui, vous serez mon amiette
Et vous aurez ma ceinturette,
Mon aumônière et mon agrafe.
Bergeronnette,
Douce fillette,
Donne-le-moi, ton petit chapeau.

Marion demande ensuite à Robin de lui faire des tours de force, sur la nature desquels nous ne sommes pas bien renseignés, le tour « du pied », celui « de la tête », celui « des bras ».

MARION (*chantant*)
Robin, par l'âme ton père !
Fais-nous donc le tour de tête.
ROBIN (*chantant*)
Marot, par l'âme ma mère !
J'en viendrai moult bien à bout.
Y fait-on tel mine,
Belle ? Y fait-on tel mine ?
MARION (*chantant*)
Robin, par l'âme ton père !
Fais-nous donc le tour des bras.
ROBIN (*chantant*)
Marot, par l'âme ma mère !
Tout ainsi que tu voudras.
Est-ce la manière,
Belle ? Est-ce la manière ?

Marion demande encore à Robin de danser ; mais il veut d'abord aller chercher le tambour et « la musette au gros bourdon ». Il ramènera Baudon et Gautier, dont il pourrait avoir besoin si le chevalier revenait. Marion lui recommande de ramener aussi son amie Péronnelle.

Robin convoque tout son monde, puis il prend les devants et arrive le premier près de Marion, au moment où le chevalier vient d'être repoussé une seconde fois ; c'est alors qu'il est battu par le chevalier, qui enlève Marion.

Les amis de Robin surviennent :

ROBIN

Ami Gautier, êtes-vous là ?
J'ai tout perdu, Marote part.

GAUTIER

Que ne l'allez-vous secourir ?

ROBIN

Taisez-vous ! Il nous courrait sus,
Fussions-nous même quatre cents.
C'est un chevalier forcené,
Qui a une si grande épée !
Il vient de me donner tels coups
Que je les sentirai longtemps.

BAUDON

Si j'y fusse venu à temps,
Y aurait eu grande mêlée.

ROBIN

Or regardons leur destinée ;
Vous prië que nous embusquions
Tous trois derrière ces buissons,
Car je veux Marion sauver ;
Aidez-moi à la secourir,
Le cœur m'est un peu revenu.

Pendant ce temps, le chevalier fait une dernière tentative près de Marion.

LE CHEVALIER

Je vous mènerai avec moi,
Et vous aurez je sais bien quoi.

Ne soyez envers moi si fière,
Prenez cet oiseau de rivière
Que j'ai pris : tu en mangeras.
MARION
J'aime mieux mon fromage gras,
Et mon pain et mes bonnes pommes,
Que votre oiseau avec ses plumes.
En rien vous ne pouvez me plaire.

Dépité, le chevalier la laisse aller et quitte la place.

ROBIN
Hou ! Hou !
MARION
Dieu ! c'est lui qui m'appelle.
Robin, doux ami, comment va ?
ROBIN
Marote, très bien je me trouve
Et guéri, puisque je te vois.
MARION
Viens donc ici, embrasse-moi.
ROBIN
Volontiers, sœur, puisqu'il te plait.
MARION
Regardez-moi ce petit fou
Qui m'embrasse devant le monde.
BAUDON
Marot, nous sommes ses parents,
Ne prenez nul souci de nous.
MARION
Et ! je ne l'ai point dit pour vous ;
Mais en ferait devant tous ceux
De notre ville autant qu'ici.
ROBIN
Et qui s'en tiendrait ?
MARION
Et encore,
Regardez quelle mine fière !

ROBIN

Dieu ! comme je serais vaillant
Si le chevalier revenait !

MARION

Sais-tu, Robin, par quel moyen
Je m'échappai ?

ROBIN

    Je le sais bien.
Nous vîmes toute l'aventure.
Demande à Baudon, mon cousin,
Et Gautier, quand te vis partir,
S'ils eurent en moi que tenir !
Trois fois de leurs mains m'échappai.

GAUTIER

Robin, tu es très courageux.
Mais quand la chose a bien tourné,
Aisément doit être oubliée.

On voit arriver Péronnelle et Huart ; et les amis, se trouvant au complet, commencent à se divertir. Les jeux des bergers sont accompagnés de plaisanteries, parfois grossières, que Robin réprime à cause de Marion. Ils jouent d'abord à saint Coisne. C'est Robin qui fait le saint, et chacun doit lui apporter son offrande, sans rire, sous peine de payer l'amende. Ils jouent ensuite aux rois et aux reines. Baudon s'offre à être roi, mais on décide que le roi sera choisi au nombre des mains.

HUART

Or çà, mettons nos mains ensemble.

BAUDON

Sont-elles bien ? Que vous en semble ?
Lequel commencera.

HUART

    Gautier !

GAUTIER

Je commencerai volontiers.
Et un !

HUART

Et deux !

ROBIN

Et trois !

BAUDON

Et quatre !

HUART

Compte après, Marot, sans débattre.

MARION

Très volontiers. Et cinq !

PÉRONNELLE

Et six !

GAUTIER

Et sept !

HUART

Et huit !

ROBIN

Et neuf !

BAUDON

Et dix !

Eh ! eh ! beaux seigneurs, je suis roi.

GAUTIER

Par Notre-Dame ! c'est le droit.
Et nous tous, je crois, le voulons.

ROBIN

Levons-le haut et couronnons !
Ho ! c'est bien.

HUART

Hé ! Perrette, or donne,
Je te prie, au lieu de couronne
Au roi ton beau chapeau de paille.

PÉRONNELLE

Tenez, roi !

Le roi pose ensuite à ses sujets des questions qui

amènent des réponses saugrenues ou plaisantes (1). Pour récompenser Robin de sa belle réponse à une question grossière, le roi dit :

>... J'accorde qu'il souhaite
>Ce qu'il voudra.
>>ROBIN
>>Je n'ose, sire.
>>LE ROI
>Va, embrasse donc Marion
>Si doucement que bien lui plaise.
>>MARION
>Voyez le fou, s'il ne me baise !
>>ROBIN
>Je n'en fais rien.
>>MARION
>>Vous en mentez !
>Encore y parait. Regardez !
>Je crois, mordu m'a au visage.
>>ROBIN
>Je croyais tenir un fromage,
>Tant je te sentis tendre et molle.
>Avance, sœur, embrasse-moi
>Pour faire paix.

C'est au tour de Péronnelle d'aller à la cour et de répondre au roi.

>>HUART
>Avancez, Perrette !
>>PÉRONNELLE
>>Je n'ose.
>>LE ROI
>Si, Perrette, si ! Or, dis-moi,
>Par cette foi que tu me dois,

---

(1) Le jeu du roi et de la reine fut interdit comme immoral par un évêque de Worcester en 1240. Voy. Jusserand, *Histoire littéraire du peuple anglais*, I, 460.

La plus grand joie que tu ais eue
D'amour, en quel lieu que tu fusses.
Or dis, et je t'écouterai.
     PÉRONNELLE
Sire, volontiers le dirai :
Par ma foi, c'est quand mon ami,
Qui en moi cœur et corps a mis,
Tient à moi aux champs compagnie
Près mes brebis, sans vilenie.
     LE ROI
Sans plus ?
     PÉRONNELLE
 Oui vraiment.
     HUART
        Elle ment !
     LE ROI
Par tous les saints, je t'en crois bien.
Marotte, or sus ! viens à cour, viens !
     MARION
Faites-moi donc demande belle.
     LE ROI
Volontiers. Dis-moi, Marotelle,
Combien tu aimes Robinet,
Mon cousin, ce joli varlet.
Honnië soit qui mentira !
     MARION
Par ma foi ! je ne mentirai.
Je l'aime d'une amour si vraie
Que n'aime autant brebis que j'aie,
Même quand a jeunes agneaux.
     LE ROI
Par tous les saints ! c'est bien aimé.

Après une courte scène épisodique, où Robin se distingue en arrachant une brebis à un loup, Baudon dit à Robin :

Sais-tu de quoi je veux parler,
Robin ? Si tu aimes autant

Marotain que tu fais semblant,
Certes, je te conseillerais
De la prendre si Gautier veut.
GAUTIER
Moi ? J'y consens.
ROBIN
Et je le veux bien.
BAUDON
Prends-la donc.
ROBIN
Çà ! est-ce tout mien ?
BAUDON
Oui, tout ; nul ne t'en fera tort.

Robin embrasse Marion.

MARION
Hé ! Robin, que tu m'étreins fort !
Ne sais-tu faire bellement ?
BAUDON
C'est grand merveille qu'il ne prend
De ces deux à Pérette envie.
PÉRONNELLE
Qui ? moi ? Je n'en sais nul en vie
Qui jamais eût de moi souci.
BAUDON
Y en aurait, par aventure,
Si tu osais faire l'épreuve.
PÉRONNELLE
Bah ! qui ?
BAUDON
Moi-même ou bien Gautier.
HUART
Moi aussi, très douce Perrette.
GAUTIER
Il est vrai que pour ta musette
Tu n'as au monde qui te vaille.
Mais, j'ai du moins cheval de trait,
Bon harnais et herse et charrue,

Et suis seigneur de notre rue.
J'ai robe et surcot tout d'un drap,
Et ma mère a un bon hanap
Qui m'échoira s'elle mourait,
Et une rente qu'on lui doit
De grain sur un moulin à vent,
Et une vache qui nous rend
Beaucoup de lait et de fromage.
N'est-ce pas là bon mariage.
Dites, Perrette?

    PÉRONNELLE
  Certes oui !
Mais je n'oserais m'engager
A cause de Guiot mon frère ;
Car vous et lui êtes deux fous,
En pourrait bien venir bataille.

    GAUTIER
Si tu ne veux, n'en parlons plus,
Occupons-nous des autres noces.

Pour fêter les fiançailles de Robin et de Marion, on organise un repas, et comme nappe, on étend à terre le jupon blanc de Péronnelle. Chacun des bergers donne sa part ; Robin, qui n'est pas assez bien muni, court au village voisin pour en rapporter des vivres. Quand tout le monde est réuni, on s'assoit par terre et le festin commence ; Gautier excite la jalousie de Robin en taquinant sa cousine Marion ; puis, prié de chanter, il entame le fableau ordurier d'Audigier, et Robin est obligé de l'arrêter au premier vers. La fête se termine par des danses : Robin et Marion dansent ensemble, puis Robin mène « la tresse » et les acteurs quittent la scène à sa suite.

Le genre de la pastourelle, lyrique ou dramatique, ne va pas sans quelque fadeur ; mais ici, à côté des scènes conventionnelles, nous avons des scènes d'observation qui paraissent bien prises sur le vif. Les jeux des bergers sont intéressants, bien présentés et vivement menés, et Robin et Marion ne manquent pas d'une certaine personnalité, Marion avec sa gaîté spirituelle et son entrain, Robin avec sa poltronnerie, ses fanfaronnades et sa tendresse d'enfant.

Le *Jeu de Robin et de Marion* est précédé, dans un manuscrit, par une sorte de farce anonyme, très courte, intitulée le *Jeu du pèlerin*, où trois personnages injurient et frappent un pèlerin dont la figure et les propos ne leur plaisent pas. C'est une bousculade comme en offrent les parades dans les baraques de foire. Le pèlerin apporte des détails sur la dernière partie de la vie d'Adam de la Halle, dont il annonce la mort, et c'est là pour nous aujourd'hui le principal intérêt de ce petit acte.

CHAPITRE III

MIRACLES DE NOTRE-DAME (XIVᵉ SIÈCLE)

Les *Miracles de Notre-Dame* sont des drames au sens actuel du mot, dans lesquels, à certains moments critiques (une ou plusieurs fois dans chaque pièce), se produit une intervention divine pour tirer de peine un innocent persécuté, ou même un coupable repentant qui invoque le secours de Dieu et de Notre-Dame. C'est déjà la définition qu'on pourrait donner du *Théophile* de Rutebeuf. Mais dans la grande collection des *Miracles de Notre-Dame*, composés au xivᵉ siècle (1), l'intervention divine se produit sous une forme spéciale qui est toujours à peu près la même. Pour en donner une idée, nous allons extraire la partie merveilleuse de l'un de ces drames, pris au hasard.

Il s'agit d'une femme, du nom de Guibour, qui a commis un crime et qui a été condamnée au supplice du feu. Au moment où le bûcher va être allumé, Dieu s'adresse à sa mère :

> Mère, mère, heure et temps il est
> Que d'ici il nous faut descendre
> Pour aller sauver et défendre
> Guibour, qui tant piteusement.
> Vous appelle, et tant doucement

(1) Publiés en huit volumes par la *Société des anciens textes français*. (G. Paris et U. Robert. Glossaire par F. Bonnardot.)

Demande que, par votre grâce,
Je lui pardonne son méfait.
Allez la défendre de fait,
Que, pour feu qu'autour d'elle on fasse,
Son corps ne subisse aucun mal...

NOTRE-DAME

Fils, d'y aller suis toute prête.
Or, sus ! Gabriel, descendez !
Et vous, Michel, et puis chantez
 En allant là ?(1)

GABRIEL

Dame, votre gré fait sera.
Avant ! Michel. Chantons, ami,
Puis qu'en route nous somme mis,
 Par doux accords.

RONDEAU

Dieu puissant et pitoyable,
Votre grand miséricorde
Remet le pécheur en paix
Avec vous : c'est doux accord.
Dieu puissant et pitoyable.
Et certes le souvenir
De vos grâces qu'on rappelle
Enlève à Satan maint cœur.
Dieu puissant et pitoyable, etc.

NOTRE-DAME
(*Aux anges*)

Mes amis, ce feu écartez
Si loin de ma loyale amie
Que ne lui puisse faire mal.
 (*A Guibour*)
Guibour, ton courage affermis,
Tu n'auras, sois-en assurée,
Par ce feu peine ni tourment,

---

(1) Dans les *Miracles de Notre-Dame*, le dernier vers de chaque partie de rôle est de quatre syllabes, et rime avec le vers qui suit; c'est une particularité qui ne pourra être que rarement conservée dans nos traductions. Cf. ce que nous avons dit de la versification du *Miracle de Théophile*, p. 73.

Par ce que si dévotement
M'as appelée.
GUIBOUR
Ah ! Dame, qui d'être louée
De bouche, de voix, de paroles
Sur tous les saints du paradis
Avez grâce et prérogative,
Quand vous plait, moi pauvre chétive,
De cruelle mort me défendre,
Comment le vous pourrai-je rendre,
Vierge Marie ?

Personne, ni juge, ni bourreau, ni spectateurs, n'est censé avoir vu la Vierge ni les anges (1) ; mais on constate que le feu n'a pas atteint la coupable. On apporte d'autre bois et on l'allume.

NOTRE-DAME
(*S'adressant au feu*)
Feu, je te défends et forclos
Que sur cette femme ne passes,
Ni que de rien mal ne lui fasses.
(*A Guibour*)
Belle amie, rassure-toi.
(*Aux anges*)
Allons m'en, seigneurs, vous et moi,
Aux cieux là-haut.
MICHEL
Votre gré ferons, Dame ! — Or, sus !
Gabriel, disons en mesure.
RONDEAU
Et certes le souvenir
De vos grâces qu'on rappelle
Enlève à Satan maint cœur.
Dieu puissant et pitoyable, etc.

(1) Parfois les personnages, autres que le héros, entendent la musique des anges, mais sans être censés les voir.

Les scènes de ce genre se reproduisent, souvent à plusieurs reprises, dans chacun des *Miracles de Notre-Dame*. En outre, plusieurs de ces pièces commencent par un court sermon en prose qui forme comme un prologue, sans rapport avec la pièce. Le sermon est parfois intercalé dans une des premières scènes. Il est certain que l'élément merveilleux et religieux des œuvres dramatiques n'était pas le moins goûté par nos ancêtres. Mais ce qui nous intéresse le plus aujourd'hui, c'est le drame proprement dit. Nous allons voir, en passant en revue les principaux *Miracles de Notre-Dame*, comment nos vieux auteurs ont traité la partie purement humaine de leurs sujets.

La fille du roi d'Espagne (1).

Dans l'un des *Miracles de Notre-Dame*, dont le sujet se rapproche de celui de *Cymbeline* (2), il s'agit d'une femme qui, faussement accusée près de son mari, prend la fuite pour éviter sa vengeance. Elle se retrouve, sous un déguisement masculin, en présence de son mari et du traître, qui ne la reconnaissent pas. Elle accuse le traître d'avoir menti, et lui porte un défi ; mais le mari réclame l'honneur de se battre à la place de son mystérieux ami. Le traître, vaincu, est obligé d'avouer son crime ; la femme, justifiée, se fait connaître et les deux époux tombent dans les bras l'un de l'autre.

On peut concevoir bien des moyens de réunir les personnages dans le même lieu pour amener le dénoûment. Dans notre pièce, le père de l'héroïne est un roi d'Espagne, Alphonse, en guerre avec l'oncle du mari : cet oncle est Lothaire, empereur de Rome, et il a enlevé sa terre d'Espagne à Alphonse, pour la donner à son neveu Othon en même temps que la fille du roi, Denise, faite prisonnière. Alphonse était allé réclamer l'aide de son frère, le roi de Grenade. C'est près d'eux que Denise s'est réfugiée, déguisée en écuyer, lorsqu'elle a eu lieu de craindre la colère de son mari

---

(1) N° 28 de la *Collection des Miracles de Notre-Dame*.
(2) Une histoire analogue se trouve racontée dans deux romans du moyen âge : *la Violette* et *le Roi Flore et la Belle Jeanne*.

Othon. Au moment où Alphonse et son frère marchent contre l'empereur Lothaire, elle occupe les fonctions de gonfalonier dans leur armée, et elle demande à aller parlementer avec Lothaire.

Le traître, qui s'appelle Bérenger, avait parié le royaume d'Espagne avec Othon qu'il séduirait sa femme, et, sur de fausses preuves de sa réussite, il avait été mis en possession du royaume. C'est comme vassal de l'empereur, convoqué pour la guerre, qu'il se trouve à la cour de Lothaire au moment où Denise y arrive.

Quant à Othon, après avoir erré comme une âme en peine à la suite de sa mésaventure, après s'être fait mahométan par dépit et s'être repenti, il a reçu de Dieu, en raison de son repentir, l'assurance que sa femme est innocente, et le conseil de retourner à Rome, et il s'y trouve en même temps que Bérenger et Denise.

On voit assez, d'après ce résumé, que le lieu de la scène doit changer souvent. Elle est tantôt à Rome, tantôt à Burgos, tantôt à Grenade, tantôt sur la route d'une de ces villes à l'autre. Au moment où la pièce commence, l'empereur de Rome, Lothaire, exprime à son neveu Othon son désir de le voir se remarier : il lui sait une femme, c'est la fille du roi d'Espagne Alphonse ; il enlèvera au roi sa fille et son royaume pour les donner à Othon. Il envoie d'abord un défi à Alphonse ; le messager s'exprime avec l'insolence qui est de tradition en pareille circonstance :

> Comme messager que je suis,
> Roi d'Espagne, je vous viens dire,
> Au nom de l'empereur Lothaire,
> Qu'assaillir viendra votre terre

> Et vous fera si grande guerre
> Qu'il vous ôtera vie du corps,
> Ou de ce pays fuirez hors.
> Votre puissance, il ne l'estime
> Plus que la feuille d'une ronce :
> De part lui, ceci vous dénonce,
> Et vous défie.

Cette insolence coûterait cher à l'envoyé de l'empereur, s'il n'était protégé par son caractère de messager. Il y a là une petite scène semblable à celle qui suit le message de Ganelon dans la *Chanson de Roland*. « Il fait son devoir de messager, dit Alphonse à ses chevaliers; gardez-vous de le toucher. »

Cependant le roi d'Espagne ne se sent pas en état de résister à Lothaire; il convoque les bourgeois de Burgos, leur confie sa fille et la ville, et part pour aller demander aide à son frère, le roi de Grenade. Les bourgeois se rendent avec la fille du roi dans la forteresse, et tous, femmes et hommes, la fortifient de leur mieux.

« Frère, soyez le bienvenu! Quel vent vous mène? » dit le roi de Grenade à son frère Alphonse. Instruit des événements, il charge un de ses hommes, Musehaut, d'aller dire aux rois de Tarse, d'Almaria, de Turquie et du Maroc de rassembler leurs forces pour l'aider à chasser ses ennemis; puis il dit à son frère : « Asseyez-vous ici jusqu'à ce que Musehaut soit revenu. » Il confie une autre mission à Salomon l'Albigeois, celle de parcourir l'Espagne pour lui rapporter l'état du pays et des villes.

De retour à Rome, le messager de l'empereur rend compte de sa mission à Lothaire, qui décide d'aller assiéger Burgos.

Les bourgeois de Burgos refusent de se rendre ; assiégeants et assiégés échangent des coups et des injures. Les archers tirent aux murs et les chevaliers attaquent la porte, pendant que les bourgeois lancent de gros mangonneaux et de grandes pierres ; enfin on réussit à mettre le feu à la porte, et les assiégés sont obligés de se rendre à merci. Sur l'ordre de l'empereur, on amène la fille du roi toute tremblante ; Lothaire fait approcher son neveu Othon :

L'EMPEREUR
Neveu Othon, venez ici :
Je veux que vous ayez pour femme
Cette fille, qui sera dame
Et reine ; vous, vous serez roi
D'Espagne, mais tiendrez de moi
Le pays, c'est ma volonté.
Or tôt allez, sans plus d'attente,
En la chapelle de céans,
Et l'épousez, je le permets.
Il y a des prêtres tout prêts.
Et vous, seigneur, allez après ;
Vous ramènerez l'épousée
Quand la messe sera finie.

OTHON
Dame, vous plaît-il tout ainsi
Comme il a dit ?

LA FILLE
Puisqu'il lui plaît, nul contredit
N'y ose mettre.

OTHON
Ça donc, de par Dieu, la main droite !
Dame, vous mènerai moi-même
Là où je vous épouserai
Com ma compagne.

Resté sur la scène, Lothaire demande aux bourgeois quelle rançon ils pourront lui donner. Ils se sont bravement battus, sans aucune hésitation ni faiblesse ; mais à ce moment ils supplient humblement leur vainqueur de laisser vivre « leurs pauvres corps ». — « Seigneur, dit l'un d'eux, faites moi accompagner par un messager qui vienne voir mon ménage. J'ai deux cents marcs de belle et bonne vaisselle et deux mille florins d'or, sans compter les meubles de ma maison. Je vous livrerai tout cela ; mais laissez-moi, sans plus, en vie. »

Pendant ce temps, le mariage a été célébré, et les nouveaux époux reviennent avec leur escorte.

L'EMPEREUR
(A sa nièce) :
Belle nièce, par amour fine
Vous donne la couronne, en signe
Que dame d'Espagne serez,
Et comme reine la tiendrez,
Et votre mari de par moi
En sera chef, seigneur et roi.
(Aux bourgeois) :
Après, écoutez-moi, seigneurs :
Pour qu'il y ait amour plus grande
Entre Othon votre roi et vous,
Je vous pardonne et quitte à tous
Rançon et tout ressentiment.
Que nul de vous n'ait le cœur lent
A bien l'aimer.

Après que les bourgeois ont témoigné leur reconnaissance, l'empereur déclare qu'il va retourner à Rome, et Othon annonce qu'il lui fera compagnie. Mais auparavant, il prend sa femme à part et lui dit :

Je vous pri, dame, çà venez,
Gardez-moi cet os-ci, tenez,

> Si vous prisez mon amitié :
> Car c'est d'un des doigts de mon pied.
> Et veillez bien qu'il ne soit vu
> Ni par aucun homme aperçu.
> Ce sera le signe secret
> Que nous deux l'un à l'autre aurons.

Puis il s'éloigne avec l'empereur, laissant la reine avec sa demoiselle, Églantine.

La reine ne se peut tenir de confier son secret à quelqu'un : « Vous savez, dit-elle à Églantine, que je vous ai toujours découvert mes secrets. — Et vous savez, répond Églantine, que je n'en ai jamais révélé un seul. — Eh bien ! continue la reine, voyez cet os, il vient de l'un des doigts du pied de mon mari, qui, par amitié, m'a chargé de le garder avec soin ; c'est pourquoi je veux le porter avec mes joyaux. Allons l'y mettre. »

Nous voyons alors un vassal de Lothaire, Bérenger, qui a appris le prochain retour de l'empereur à Rome, et qui va au-devant de lui. Il l'aperçoit et le salue. L'empereur lui reproche de ne l'avoir pas aidé dans sa guerre, par crainte des coups; il allègue une maladie qui l'a retenu au lit. A ce moment Othon manifeste l'intention de prendre congé de son oncle pour retourner vers sa femme. Mais Bérenger l'interpelle : « Roi Othon, tel croit avoir une femme fidèle, qui est trahi par elle. Je me vante qu'il n'y a pas au monde une seule femme que je ne puisse séduire au bout de deux ou trois entrevues. » Et comme Othon prend la défense des femmes, « Je parie, reprend Bérenger, que je séduirai la vôtre. Il vous faut parier ou vous taire. » Othon, piqué au vif, accepte le défi. Le gage sera, d'une part le royaume d'Espagne, d'autre part les terres de Bérenger. « Et comment ferai-je la preuve? dit Bérenger. — Si vous pouvez, répond Othon, me décrire un signe qu'elle a, en indiquant la place, et me dire ce qu'elle garde de moi, je vous jure que je vous laisserai jouir en toute franchise du royaume d'Espagne ! — C'est entendu, mais à la condition que vous séjourniez ici jusqu'à ce que je sois revenu de votre terre. » Les choses étant ainsi réglées, Bérenger part.

Nous revenons à Burgos, où nous voyons la reine se rendre à l'église avec Églantine : elle veut prier Dieu pour son mari. Bérenger survient, il la salue et lui dit : « Je viens de Rome, où j'ai laissé votre mari, qui ne fait pas plus de cas de vous que de la queue d'une cerise. Il a fait la connaissance d'une fille, qu'il aime tant qu'il ne sait plus la quitter. C'est ce qui m'a fait partir de Rome pour vous l'annoncer, car j'en suis si indigné que j'ai conçu pour vous un amour qui me tourmente nuit et jour, et qui m'a fait perdre le boire et le manger. » La reine lui répond qu'elle ne croit pas un mot de cette histoire, elle le chasse de sa présence, et, renonçant à aller à l'église, rentre chez elle avec Eglantine.

Resté seul, Bérenger se lamente sur l'insuccès de sa tentative. Mais il voit sortir Églantine, et il l'arrête au passage :

<blockquote>
BÉRENGER

Demoiselle, un mot seulement
Je voudrais vous dire en secret,
Si ne craignais de vous déplaire.
Qu'en dites-vous?
</blockquote>

ÉGLANTINE

Sûrement pouvez, seigneur doux,
Votre vouloir ici me dire,
Je n'en aurai courroux ni ire,
   Mais bien le veux.

BÉRENGER

Si donner me voulez conseil
Sur deux choses que vous dirai,
Or et argent plus vous aurez
Que vous ne me demanderez.
Et ce que je veux bien ferez,
   Ce m'est avis ?

ÉGLANTINE

Je suis prête à faire de cœur
Ce que pourrai pour vous, seigneur,
Pourvu que vous me veuillez dire
   Qu'avez à faire.

BÉRENGER

Ma chère amië débonnaire,
Si pour moi vouliez travailler
Tant que vous me puissiez bailler
Le joyau que plus aime et garde
La reine, et vous prendre garde
Où est son signe, et quel il est,
Et le me dire, je suis prêt
De vous donner trente marcs d'or,
Dont vous pourrez faire trésor ;
Et afin que vous me croyiez,
Vous remets ce sac-ci. Voyez:
   C'est tout or fin.

Églantine accepte les arrhes de la trahison, et promet de rapporter le lendemain les renseignements demandés.

Après le départ de Bérenger, Églantine trouve un moyen de connaître le signe de la reine : elle lui donnera à boire un vin qui la plongera dans un sommeil si profond qu'elle pourra, sans la réveiller, examiner tout son corps à loisir. Précisément la reine l'appelle, lui dit qu'elle a grand soif, et lui demande du vin et des pommes. Églantine pare une pomme, et la présente à sa maîtresse qui la trouve excellente ; puis elle lui verse à boire.

Bientôt après, la reine éprouve le besoin de se reposer : « Ce vin, dit-elle, m'est monté à la tête. » Églantine l'accompagne à son lit. Puis, la laissant s'endormir, elle nous fait part de ses réflexions :

> Je veux penser, sans plus tarder,
> A gagner ce qu'on m'a promis
> Avec ce qu'on m'a en mains mis.
> Folle serais si renonçais
> A faire à ce coup un tel gain
> Que de trente marcs d'or avoir.
> Certainement je vais savoir
> Si ma dame est bien endormie.
> Si elle dort, ne doute mie
> Que ne puisse bien mon fait faire.

Après s'en être assurée :

> Elle dort : bien va mon affaire.
> Où son signe est vite verrai,
> Et le joyau bientôt aurai
> Qu'elle garde si chèrement.

Ici, dit le texte, elle cherche le signe et prend l'os.

> C'est fait ; je m'en vais vitement
> Devers le comte Bérenger.

Précisément, Bérenger, pressé de savoir le résultat, vient d'arriver. Il remet à Églantine les trente marcs, et celle-ci lui donne l'os en lui indiquant pourquoi sa dame y tient tant ; puis elle lui dit à l'oreille la place du signe.

Bérenger part, au comble de la joie. Il arrive à Rome où il voit l'empereur assis, et Othon près de lui. Il présente l'os à Othon consterné, qui ne doute plus de la culpabilité de sa femme, et qui la maudit. Pour le consoler, l'empereur lui offre de rester près de lui jusqu'à ce qu'il lui ait trouvé une autre terre, car Bérenger, ayant gagné son pari, va prendre possession du royaume d'Espagne. Mais Othon veut retourner près de sa femme, pour la « mettre à une mort honteuse ».

A Burgos, la reine se promène avec Églantine près de sa maison, car elle a « le cœur et le corps pesant et vide ». Arrive un bourgeois de Burgos, qui avait accompagné l'empereur à Rome, et qui en vient en toute hâte, car il veut avertir la reine de la grande colère de son mari ; il y a six jours qu'il ne s'est déshabillé. Il raconte que Bérenger s'est vanté d'avoir séduit la reine et qu'il a apporté des preuves qui ont convaincu Othon.

La reine se désespère et se rend à l'église ; elle adresse une ardente prière à Notre-Dame, qui descend vers elle avec les anges. Elle lui ordonne de revêtir secrètement un costume d'écuyer, d'aller à Grenade près de son oncle et de son père, et de les bien servir sans se faire connaître à personne ; plus tard elle sera vengée de celui qui l'a faussement accusée.

Rentrée chez elle, elle trouve heureusement tous ses gens endormis ; elle revêt le costume d'écuyer et part. Cependant Églantine s'étonne que sa maîtresse reste si longtemps à l'église, elle y court et ne l'y trouve plus. On s'émeut, on la cherche de tous côtés, mais en vain. Sur ces entrefaites, Othon arrive. Il demande la cause de l'affliction publique, et on lui apprend la disparition de la reine. Mais lui :

> N'en ayez, seigneurs, nul souci.
> Elle m'a fait perdre ma terre,
> Dont le cœur au ventre me serre.
> Je la croyais honnête femme,
> Mais elle m'a fait trahison,
> Et Bérenger s'en est vanté
> Devant mon oncle, en pleine cour ;
> Et il faut bien que je l'en croie,
> Car telles preuves m'en a dit
> Que n'y puis mettre contredit.
> Et certes, si la puis tenir,
> A honte la ferai mourir.
> Et sachez je la chercherai
> Tant qu'une fois la trouverai.
> Je m'en vais, plus ne me verrez ;
> Bérenger pour roi vous aurez.
> Adieu vous tous !

La reine, sous son costume d'écuyer, arrive à Grenade, les membres rompus par sa longue marche. Avant d'aborder son oncle et son père, elle prie Dieu de faire qu'elle ne soit pas reconnue par eux. Et l'invraisemblance de la situation est ainsi atténuée par une intervention divine. « Messeigneurs, dit-elle à son oncle et à son père, je viens à vous pour savoir si, par votre bonté, je pourrais avoir quelque emploi. — Il faudrait d'abord qu'on sût, dit le roi de Grenade, de quel service tu es capable. — Seigneur, je sais porter lance et écu, et chevaucher en bataille quand il le faut ; je sais aussi trancher les viandes à une table princière, et j'ai été plusieurs fois proclamé maître en échansonnerie ;

> Je sais tout le service en somme
> Que l'on doit faire à puissant homme
> Com prince ou roi.

LE ROI DE GRENADE
> Tu demeureras avec moi,
> Moi et mon frère serviras ;
> Et selon ce que tu feras,
> T'avancerai.

Comme le roi de Grenade a faim, on met tout de suite à l'essai le nouvel écuyer.

ALPHONSE
> Nous verrons bien. Ami, çà viens.
> Comment as nom ?

LA REINE
> Sire, Denis m'appelle-t-on,
> Non autrement.

ALPHONSE
> Denis, dressez apertement
> Une table ci, sans rêver,
> Et allez chercher à manger
> En la cuisine.

Elle dresse la table, apporte les mets, taille et sert à la satisfaction de ses maîtres. Sur ces entrefaites, on voit revenir successivement les deux messagers dont il a été question dans l'une des premières scènes de la pièce : Salomon et Musehaut. Salomon rapporte « que l'empereur a conquis l'Espagne, qu'il a donné la couronne et la fille du roi Alphonse à son neveu Othon, que celui-ci a tué sa femme et a disparu, et que l'Espagne est actuellement gouvernée par un certain Bérenger, qui l'a gagnée, dit-on, par une gageure ». Alphonse se désole à la fausse nouvelle de la mort de sa fille, qu'il ne sait pas si près de lui ; son frère le console, lui

promet de le venger, et, pendant que le faux écuyer
est allé chercher du vin, lui demande ce qu'il pense
de cet écuyer. Les deux frères se communiquent
leurs excellentes impressions sur Denis : « C'est
Dieu sans doute qui nous l'a envoyé. » Ils décident
qu'ils l'emmèneront à Rome dans leur guerre contre
l'empereur. Musehaut arrive à son tour, et rapporte
que les quatre rois (de Tarse, d'Almaria, du Maroc et
de Turquie), près desquels il s'est rendu, sont prêts à
venir à l'appel du roi de Grenade, mais demandent
de quel côté ils doivent se diriger. — « Allez leur
dire, répond le roi, qu'ils chevauchent vers Rome,
et que nous irons au-devant d'eux. »

Le roi de Grenade annonce à son écuyer Denis
la promotion qu'il lui accorde :

> M'avez été bon écuyer,
> Je vous fais mon gonfalonier,
> Qui ma bannière porterez :
> On verra comment le ferez
> En la bataille.

— « Grand merci, Monseigneur, répond la reine.
Dans la bataille, votre bannière passera devant tous. »

On approche de Rome, et le gonfalonier demande
à aller parlementer avec l'Empereur. On le lui accorde, et elle part avec une escorte de deux chevaliers. Elle rencontre son mari, qui se rendait à Rome
pour obéir aux avis de Dieu.

LA REINE
Dieu vous garde ! ami, dites-moi,
D'où venez-vous ?
OTHON
Je viens d'outre-mer, seigneur doux,
Et vais à Rome.

LA REINE
(S'adressant à ses chevaliers)
Beaux seigneurs, prenez-moi cet homme
Et avecque nous l'emmenez.
Vous ne savez qui vous tenez,
Je le connais mieux qu'il ne pense.
Gardez qu'il ne s'échappe et fuie
D'entre vos mains.

La reine et Othon arrivent ainsi devant l'empereur, près duquel se tenait, entre autres vassaux, le traître Bérenger.

LA REINE
Sire empereur, que Dieu le vrai
Vous donne honneur et bonne vie
A vous et à tous ces barons
Qu'ici je vois ! Je n'en exclus
Que Bérenger, le roi d'Espagne.
Mais contre lui je tends mon gage,
Devant tous ces nobles seigneurs,
Et l'accuse de trahison !
Car faussement il se vanta
D'avoir séduit une sœur mienne :
Dont ma sœur prit telle frayeur,
Telle peur et telle douleur
Que hors du pays s'est enfuie.
Depuis, nouvelles n'en ouïs.
Votre neveu perdit l'Espagne,
Qui était vaillant et hardi,
Et dans sa douleur s'éloigna
Si loin qu'on ne sait où il est.
Et parce que le cœur m'en serre,
En champ clos j'abattrai le traître :
Faites-m'en droit !

Othon intervient, et réclame l'honneur de combattre Bérenger :

OTHON

Doux seigneur, ici je vous prie
Que le combat me laissiez faire.
— Oncle, ne me reconnaissez ?
Je suis votre neveu Othon,
Qui ai tant de peines souffert.
D'outre-mer viens.

L'EMPEREUR

Beau neveu, puisque je vous tiens,
Certes, mon cœur est apaisé.
Embrassez-moi vite et baisez ;
Bien venez-vous !

Othon défie Bérenger, qui répond insolemment, et le combat s'engage (1), après qu'Othon a adressé à Notre-Dame une ardente prière :

Dame de la gloire céleste,
Vierge en qui toute grâce abonde,
Mère telle que ta pareille
Ne fut avant toi ni après,
Rose, lis de beauté, cyprès
Tout parfumé de bonnes œuvres,
Tes yeux de douceur vers moi ouvre,
  Et en ta pitié me regarde,
  Et de mort vilaine me garde...

Bérenger est vaincu, et réduit à faire l'aveu de son crime. Le mystérieux gonfalonier dit alors à l'empereur qu'il est venu pour traiter de la paix, et demande un sauf-conduit pour deux autres chevaliers, qu'il envoie chercher : ce sont les deux

(1) Les deux adversaires sont allés chercher leurs chevaux ; mais, sur l'ordre de l'empereur, ils mettent pied à terre pour combattre. Il eût été trop difficile de jouer un combat à cheval sur une scène restreinte.

rois, son père et son oncle. Lorsqu'ils sont arrivés, la reine se fait reconnaître :

> Sire empereur, puisque voici
> Ces deux seigneurs ici venus,
> Or entendez, grands et petits,
> Ce que veux dire en amitié :
> Et vous verrez joie et pitié
> Merveilleuse, à ce qu'il me semble,
> Avant que nous nous séparions.
> Je m'adresse à vous, sire Alphonse,
> Moi qui ai fait métier d'un homme
> En servant vous et votre frère.
> J'ai bien vu qu'aviez le visage
> Et les yeux sur moi sans relâche,
> Sans que pussiez me reconnaître.
> C'était de Dieu la volonté,
> N'en ayez pas le cœur marri.
> Voici mon seigneur, mon mari,
> Othon, neveu de l'empereur.
> Je sais combien vous m'avez chère,
> Suis votre fille, que laissâtes
> Quand à Grenade vous allâtes.
> Ne croyez pas que vous abuse :
> Tenez, regardez ma poitrine !
> — Othon, puisqu'il arrive ainsi
> Que la trahison est prouvée
> Dont j'étais à tort réprouvée,
>   Loué soit Dieu !

Le roi Alphonse pleure de joie, et Othon se jette dans les bras de sa femme :

> Embrasse-moi ; pour toi mon cœur
>   En pleur se fond.

L'empereur coupe court à cette scène d'attendrissement :

De pitié larmoyer me font.
Or avant, avant! C'est assez.

Il s'agit de régler les questions pendantes. Le roi Alphonse propose de laisser l'Espagne à Othon et à sa femme, et de faire justice du traître et de sa complice. L'empereur et le roi de Grenade promettent de donner de belles terres à Alphonse en échange de l'Espagne. Et tout le monde part pour aller dîner chez l'empereur, pendant que ses clercs chantent un motet.

Si l'on fait abstraction des bizarreries du sujet même et des invraisemblances de détail, qu'il faut admettre au même titre que les conventions de la mise en scène, on trouvera sans doute que ce drame a quelque mérite. Les scènes intéressantes et bien traitées sont nombreuses, nous citerons : la présentation d'Othon à Denise, la discussion de la rançon des bourgeois de Burgos, et le discours de l'empereur qui la clôt par un bel acte de générosité, les entrevues de Bérenger et d'Églantine, l'adieu pathétique d'Othon à ses sujets, le repas du roi Alphonse et du roi de Grenade servi par la reine en costume d'écuyer, enfin tout le dénoûment.

Pour diminuer les changements de lieu, dont la fréquence nous paraît exagérée, il eût fallu remplacer beaucoup de scènes par de simples récits. Mais il faut songer au public essentiellement populaire qui se pressait à ces représentations, et dont une bonne partie, placée trop loin, devait avoir quelque peine à tout entendre. Des récits nouveaux eussent fatigué l'attention et risquaient de ne pas être suffisamment entendus ou compris, tandis que, quand on voyait par exemple l'empereur charger un messager de son défi, et le messager s'acquitter de sa mission près du roi Alphonse, tout le monde, sans fatigue, saisissait nettement la situation ; grâce à la multiplicité des scènes, l'action était mise tout entière, dans ses moindres incidents, sous les yeux des spectateurs, qui s'intéressaient d'autant plus au drame qu'ils le comprenaient plus aisément.

Nous avons analysé en détail ce premier miracle, pour qu'on eût une idée complète du genre. Dans les autres miracles dont nous allons parler, et pour lesquels nous suivrons l'ordre du manuscrit et de l'édition de MM. G. Paris et U. Robert, nous nous arrêterons seulement aux scènes les plus caractéristiques.

L'empereur Julien [1].

L'empereur Julien l'Apostat, qui a entrepris une guerre contre les Perses, doit passer par la ville de Césarée, et saint Basile se prépare à lui présenter ses hommages.

SAINT BASILE (*s'adressant à ses clercs*)

Mes frères, il nous faut aller
A l'encontre de l'empereur,
Pour lui révérence et honneur
Faire ; car il est cher seigneur
    De cette terre.

---

[1] N° 13 de la *Collection des Miracles*.

PREMIER CLERC

Seigneur, nous allons nous y rendre.
Mais quel don lui présenterez ?
Trop petit honneur lui ferez,
S'il n'a de vous aucun présent.
  Que lui donner ?

SAINT BASILE

Je vous dirai ce que ferez.
Vous savez bien que je n'ai pas
Joyaux d'argent pour lui donner,
Et que je n'ai guère souci
De telles choses amasser.
Prenez des pains dont nous vivons
Trois, que nous lui présenterons.
Ce sera gracieux présent,
Et qui sera bon pour ses gens,
Dont il a moult grand compagnie,
Car une armée il a levé
  Contre les Perses.

DEUXIÈME CLERC

C'est bien ; mais s'il ne reconnaît
Que vous le faites par amour,
Nous pourrons plutôt en avoir
  Douleur que joie.

SAINT BASILE

Sans crainte mettons-nous en route.
De tout à Dieu m'en remettrai,
Qui sait et voit que je le fais
  En bonne entente.

Saint Basile s'avance vers l'empereur, suivi de ses clercs, dont l'un porte les trois pains.

SAINT BASILE

Sire, Dieu vous veuille tenir
En honneur et en bonne vie,
Et toute votre compagnie
  Qu'ici je vois !

L'EMPEREUR
N'es-tu pas Basile le Grand ?
Dis, réponds-moi.

BASILE
Sire, Basile est bien mon nom.

L'EMPEREUR
Certes, tu penses moult savoir,
Et penses grand philosophe être ;
Mais je puis bien contre toi mettre
Que tout ton sens envers le mien
Vaut peu, ou plutôt ne vaut rien.
Car plus sage suis que tu n'es,
Ni que tu ne seras jamais
Jour de ta vie.

BASILE
Plût à Dieu, le fils de Marie,
Que si bon et si sage fusses
Qu'en le vrai Dieu croire voulusses
Et aimasses ton Créateur !
Par bon amour, pour ton armée
Nous t'apportons de notre pain,
Et de tel comme nous mangeons.
Empereur, vérité te dis ;
Or veuilles en gré recevoir
Ce présent, sire.

L'EMPEREUR
Seigneurs, prenez sans contredire
Les pains dont il me fait présent,
Mais en échange donnez-lui
Du foin : je le veux par ma tête.
Il m'a fait de pain d'orge fête.
D'orge ! C'est pâture de bête.
Donnez-lui du foin, c'est justice,
En mangera.

UN MASSIER
Mon seigneur, tantôt en aura
Pour peu qu'y en ait en la ville.

Le massier revient bientôt avec une botte de foin :

> Tenez, mangez, sire Basile,
> Et broutez fort.

BASILE

> Seigneur empereur, tu as tort,
> Car de tel pain dont nous vivons,
> Et moi et tous nos compagnons,
> T'avons offert par charité,
> Et à ce point tu le méprises
> Que tu me fais ici pour pain
> Donner de tes chevaux le foin !
> Tu me devais autre honneur faire.

L'EMPEREUR

> Certes, jamais ne goûteras
> De croûte ni mië de pain.
> Ou tu mourras de male faim,
> Ou tout le temps que tu vivras,
> Comme bête, herbe brouteras.
> Entends-moi. Crois-tu que je dorme,
> Toi qui m'as donné du pain d'orge ?
> Il n'est dieu qui puisse empêcher
> Que malheur et honte n'en aies ;
> Car à nos dieux es ennemi.
> Tu as cette ville soumise
> Et convertie à ta croyance :
> Par mes dieux en qui j'ai fiance,
> Sitôt que reviendrai de Perse,
> La presserai de toutes parts,
> Si bien de toi me vengerai
> Que toute abattre la ferai,
> Et mettre à mort jeunes et vieux.
> Puis je la ferai labourer.
> Mieux vaut qu'elle porte chardons
> Que de garder gens convertis
> A croire un Dieu qui fut pendu !
> En dépit de lui et sa mère,

> L'église que pour eux as faite
> Je saurai faire jeter bas,
> Et l'image de ta Marie
> Ferai brûler, n'en doute mie,
> Sitôt que revenir pourrai.

L'auteur du Miracle nous donne un tableau assez animé du désarroi qui suit le départ de l'empereur. Saint Basile fait sonner la cloche pour réunir les habitants, et on les voit sortir de leurs maisons, s'interrogeant les uns les autres : « Mon voisin, qu'est-ce que j'entends sonner ? — Je pense que c'est le sermon. Y viendrez-vous ? — Savez-vous qui prêchera ? — Nous aurons sûrement un beau sermon, car c'est notre évêque qui le fera, je le vois déjà monté sur l'estrade. — Venez, compère Robert, asseyez-vous sur l'herbe à côté de moi. »

Saint Basile commence (en prose) un sermon sur ce texte : *La nue s'est élevée du tabernacle d'alliance, et les enfants d'Israël sont partis, et l'arche se reposa sur le mont Pharan.* (Nombres, x.) « Ces paroles, dit-il, peuvent très bien s'appliquer à la glorieuse Vierge Marie. » Et il expose comment Marie peut être comparée à la nue ; car elle nous a été donnée pour nous conduire hors des ténèbres du péché, pour tempérer les rayons brûlants du jugement de Dieu, et enfin en signe d'alliance et d'amour : les enfants d'Israël, quand ils voyaient la nue aller devant eux, savaient certainement que Dieu était avec eux.

Saint Basile parle ensuite (en vers) des événements récents et des moyens de conjurer le danger ; il rattache d'ailleurs ce sujet à celui de son sermon :

> Je vous parle ainsi, mes amis,
> Car vous savez que l'empereur
> A menacé de nous détruire.

Il est d'avis qu'on essaie d'apaiser la colère de Julien par des présents : « Que chacun apporte ici toutes ses richesses, peut-être consentira-t-il à nous épargner. Si nous devons périr, Dieu nous donnera la gloire sans fin. Et néanmoins, si nous recourons dévotement à cette nue dont je viens de vous parler, à la Mère de Dieu, je tiens que nous la trouverons prête à nous conduire, et qu'elle calmera l'ardeur du tyran, qui ne nous fera nul mal ;

> Mais avant tout, par sa puissance,
> Mettra amour et alliance
> Entre Jésus son fils et nous,
> Si bien qu'il nous sauvera tous,
> Je vous promets.

Les bourgeois viennent apporter successivement tout ce qu'ils possèdent de précieux ; puis tout le monde se rend à l'église de Saint-Mercure et y prie Notre-Dame et le saint. Les clercs et Basile prient à haute voix. Tout à coup, de nouveaux personnages entrent en scène, saint Basile est seul à les voir : saint Michel et saint Gabriel arrivent d'abord dans l'église, et y préparent un siège pour Notre-Dame ; puis tout le cortège divin descend en chantant. Saint Basile exprime son étonnement :

> Je vois merveilleuse clarté
> Descendre là du haut des cieux.
> Doux seigneur, d'où viennent ces gens
> Que je vois, et pour quel raison
> Viennent-ils ? Ce sont grand foison
> D'hommes, tous en beauté choisis.

Tous sont plus blancs que fleur de lis.
Tant sont luisants, tant resplendissent
Que les deux yeux m'en éblouissent.
Me faut contre terre pâmer,
Car ma vuë souffrir ne peut
Ni supporter cette lumière !

Cependant Notre-Dame fait appeler saint Mercure par saint Michel, et lui donne l'ordre d'aller tuer Julien.

L'action se transporte un moment sur un autre point de la scène ; Mercure perce l'empereur de sa lance, sans qu'aucun des sergents qui le gardent voie donner le coup ; puis deux diables arrivent en s'interpellant :

PREMIER DIABLE :
Haro ! Satan, où es ? Tu dors,
A ce qu'il semble.

SECOND DIABLE
Et que tous ceux d'enfer ensemble
Te puissent courir sus et battre !
Qu'as-tu à ainsi te débattre ?
Te moques-tu ?

PREMIER DIABLE
Haro ! mon ami, ne vois-tu
Pas Julien, notre grand maître,
Que Mercure vient d'à mort mettre ?
Je pensais gagner Césarée
Par lui, et Basile enlacer
Et tout le peuple décevoir ;
Mais voilà qu'avons tout perdu
Par cette mort.

SECOND DIABLE
De par le diable, trop est forte
Maroië (1), qui ce nous a fait.

---

(1) Ce diminutif familier de *Marie* est, dans la bouche des diables, le nom de Notre-Dame.

Au moins allons prendre de fait
Julien, son corps et son âme,
Et l'emportons. Depuis longtemps
　　Il est tout nôtre.

　　　PREMIER DIABLE
Ma brouette vais mener là,
Pour que dedans nous le jetions,
Et en enfer l'entraînerons
　　Sans plus attendre.

L'attention des spectateurs est ramenée à l'église, où Notre-Dame, avant de remonter au paradis, adresse la parole à Basile et lui remet un livre plein de bons préceptes, pour le réconforter. Saint Basile, qui a assisté, malgré la distance, à la mort de Julien, se demande, après le départ de Notre-Dame, si tout ce qu'il a vu est bien vrai. Il a un moyen de s'en assurer, c'est de voir si les armes de saint Mercure sont toujours dans la châsse qui les contenait. Il les demande au sacristain, qui va pour les prendre et qui constate avec stupéfaction que la châsse est vide :

　　　LE SACRISTAIN
Douce mère de Dieu ! Quels sont
Ceux qui m'ont d'ici enlevé
Du saint martyr les dignes armes ?
Haro ! Dieu ! Encore à matines
Son haubert, son écu, sa lance
J'y laissai : voici grand malheur !
　　Hélas ! Hélas !

Saint Basile rassure le sacristain, et appelle tous les clercs et tous les bourgeois qui ont fait la veillée de prières dans l'église.

SAINT BASILE

Or sus, or sus, mes amis doux,
Rapidement !

UN CLERC

Ah ! que j'ai fortement dormi !
Qu'est-ce ? mon cher seigneur, qu'avez?
Qui si âprement commandez
Que nous levions.

UN BOURGEOIS

Seigneur, Julien serait-il
Sur nous venu ?

SAINT BASILE

Non point, mes amis, levez-vous !
Une autre chose vous dirai
Dont, s'il plaît à Dieu, vous serez
Tous réjouis.

UN AUTRE BOURGEOIS

Parlez, seigneur, vous écoutons.

SAINT BASILE

Or entendez, femmes et hommes,
Qui ci avez la nuit veillé.
Soyez de cœur joyeux et gais,
Et que chacun loue à part soi
La Mère du souverain Roi,
Car elle a calmé la tempête
Dont nous étions tous menacés,
D'hiver nous a mis en été.
Mettons nos soins à la servir ;
Car par elle et par saint Mercure
De Julien délivrés sommes.
Il est déjà tout corps et âme
Au fond de l'enfer enfangé.

UN AUTRE BOURGEOIS

Mère du doux Roi souverain !
La chose serait-elle vraie?
Seigneur, si j'ose vous le dire,
Vous plaise nous faire savoir
Comment vous savez qu'il est vrai
Qu'il soit ainsi.

SAINT BASILE

Comment je le sais? Le voici :
Cette nuit, veillant comme vous
En oraisons, mes amis doux,
Vis advenir une merveille
Si grand que mon cœur s'émerveille.
Car la douce Vierge Marie
Vis descendre, en grand compagnie,
Des cieux en cette place-là.
Là s'assit, là se reposa
En un siège qui lui fut fait ;
Là commanda que sans répit
On lui appelât saint Mercure ;
Et un ange, de bonne allure,
L'alla querir. Et bientôt vint
Devant la Vierge ; là se tint,
En s'inclinant très humblement,
Monté et armé justement
Des armes qu'avec tant de soin
L'on garde dedans son église.
Je vis que la Vierge lui dit :
« Pars tout de suite et va pour moi
De Julien prendre vengeance. »
Saint Mercure à ce mot s'avance,
Vers Julien se dirigea,
Et le corps si bien lui perça
Da sa lance, qu'il tomba mort ;
Mais en mourant poussa un cri
Si très horrible et si hideux
Qu'encore en suis tout plein d'effroi.
Sitôt après par les démons
Fut corps et âme en enfer mis.
Néanmoins ne m'oublia pas
L'humble Vierge, mais à ce point
Jusqu'à moi vint pour me donner
Ce livre, et dit : « De Julien,
Basile, tu es délivré ;
Pense toujours à faire bien,
Et bien seras récompensé. »

> Alors aux cieux se retira.
> Quand le livre vis en ma main,
> Je vis bien qu'il était certain
> Qu'à moi avait daigné parler.

Il ajoute qu'il doutait un peu de la mort de Julien, mais qu'on n'a pas trouvé dans la châsse les armes de saint Mercure.

Peu de temps après, le sacristain retrouve à leur place les armes du saint, et saint Basile les montre au peuple :

> Voici un fer qui a couru
> Parmi le corps, parmi le flanc
> De Julien. Voici le sang
> Dont encore est teint et souillé,
> Dont encore est tout chaud mouillé.
> N'ayons plus de lui nulle crainte !
> Regardez tous : voici la lance
> Dont a été tout transpercé
> Celui qui tant nous menaçait.
> Maintenant peut brouter son foin ;
> S'il plaît à Dieu, aurons du pain.
> Nous devons tous à haute voix
> Louer la mère au Roi des rois,
> Qui est si prête à secourir
> Tous ceux qui à elle recourent
> Et à son aide !

La mort de Julien a pour conséquence la conversion d'un de ses officiers, Libanius, qui a vu, en songe, saint Mercure frapper l'empereur, et les diables emporter son cadavre. Il vient demander le baptême à saint Basile.

> LIBANIUS
> Seigneur, pour Dieu ! baptisez-moi.
> Ainsi pourrai-je voir la fin
> De la douleur et du malheur
> Qui m'est au cœur.

SAINT BASILE
Ami, les saints fonts sont tout prêts ;
Dépouillez-vous.
LIBANIUS
Seigneur, je suis tout prêt à faire
Tout votre gré.
(*Il se dépouille*)
SAINT BASILE
Comment voulez être nommé ?
Dites-le-moi.
LIBANIUS
Je veux pour nom Libanius,
S'il vous agrée.
SAINT BASILE
Libanius, ici entrez,
Et élevez au ciel vos yeux.
Croyez-vous qu'il est un vrai Dieu
Qui le ciel et la terre fit,
Père, Fils et Saint-Esperit,
Et cette sainte Trinité
N'est qu'une seule déité ?
Répondez-moi.
LIBANIUS
En toute vérité, le crois
Et le confesse.
SAINT BASILE
Croyez-vous que par la grandeur
De son amour pour nous, le Fils
Vint pour notre salut au monde
Et se fit homme ?
LIBANIUS
Seigneur, je crois pour tout certain
Qu'il est ainsi.
SAINT BASILE
Et croyez-vous également
Que par l'œuvre du Saint-Esprit
Il naquit d'une Vierge, et qu'elle

Est la reine du paradis,
Assise à droite de son fils
  Là-haut en gloire ?

   LIBANIUS

Seigneur, je le crois fermement.

   SAINT BASILE

Et croyez-vous en dernier lieu
Qu'à la fin du monde viendra
Ce Dieu, et qu'il nous jugera
Tous ensemble, bons et mauvais,
Selon nos œuvres et nos faits ?

   LIBANIUS

Je tiens cet article pour vrai,
  Et point n'en doute.

   SAINT BASILE

Maintenant que demandez-vous ?

   LIBANIUS

Je demande le saint baptême.

   SAINT BASILE

Et vous l'aurez, mon ami cher.
Je te baptise, beau doux fils,
In nomine Patris et Filii et Spiritus sancti. Amen.
 Par l'effet de ce sacrement,
 Ami, tu es à Dieu uni
 Tellement que, si tu mourais,
 Tout droit en paradis irais
  Avec les saints.

Dans une sorte d'épilogue, Libanius, qui s'est fait ermite sur le conseil de saint Basile, demande à Notre-Dame l'insigne faveur de la voir un instant. Notre-Dame veut le mettre à l'épreuve. Elle dit à l'ange Gabriel :

Gabriel, me feras savoir,
De cet ermite qui est là,
Si pour me voir il serait prêt

De souffrir qu'on lui crevât l'œil
Gauche, car j'en veux savoir
  Sa volonté.
  GABRIEL (*s'adressant à Libanius*)
Ecoute-moi bien, beau prud'homme,
Et à ce que dirai réponds.
Tu voudrais voir la Vierge mère
Dans sa glorieuse beauté ;
Aurais-tu bien la volonté
Que ton œil gauche on te crevât
Pourvu qu'elle à toi se montrât
  Visiblement ?
  L'ERMITE (*qui entend l'ange sans le voir*)
Oui, le voudrais certainement.
Mais, hélas ! Qui me parle ainsi ?
Nulle âme ici entour ne vois.
O toi, chose parlant à moi,
Dis à ma Dame que je veux
Très volontiers perdre mon œil
  Si je la vois.
  GABRIEL
Dame, vous oyez ce qu'il dit.
  NOTRE-DAME
Dis-lui que les yeux ait levés
Aux cieux, sans ailleurs regarder,
Et il me verra sans tarder,
  Je lui promets.
  GABRIEL
Beau prud'homme, à genoux te mets
Et regarde le firmament,
Et tu verras certainement
  Ce que demandes.
  NOTRE-DAME
Gabriel, or t'en va là-bas,
Et quand tu verras qu'il sera
Temps et point qu'il te semblera
Qu'assez longtemps m'ait aperçue,
Ote-lui de son œil la vue.

L'ERMITE

Ah ! douce Vierge débonnaire,
Je te vois en ta grand beauté,
Et en ta haute majesté !
Mon cœur a grand confort ; me semble
Qu'en paradis je sois ravi,
    Tant ai de gloire !

GABRIEL

Que maintenant il te suffise,
Prud'homme ; tu l'as assez vue
Il faut cet œil te soit crevé :
    Plus n'en verras.

L'ERMITE

Ah ! Vierge, qui Jésus portas !
Dame, sont-ce là de tes faits ?
Pensais avoir cœur si rempli
D'avoir une fois vu ta face,
Que jamais rien ne désirasse !
Et sitôt que je l'ai eu vue,
La soif de mon désir a crû.
Point ne compte l'œil qu'ai perdu,
N'en aurais le cœur éperdu
Si désir en moi fût éteint :
Mais de désir suis plus épris,
Plus embrasé, plus entrepris,
Que jamais je ne fus nul jour.
Hélas ! Dame, si trop tardez
De permettre encor que vous voie,
Je ne sais ce que faire doive,
Car mes désirs si poignants sont
Et en mon cœur sont si profond
Qu'au monde rien n'y peut pourvoir,
Hors seulement de vous revoir,
    Vierge Marie.

NOTRE-DAME (*s'adressant à saint Michel*)

Michel, écoute, va-t'en vite
A cet ermite demander
S'il voudra son autre œil donner
A crever, et voir me pourra

> Ainsi que l'autre fois a fait.
> Je verrai bien s'il a parfait
> Amour pour moi.

Saint Michel s'acquitte de sa mission. Libanius accepte, il a une nouvelle apparition, et aussitôt qu'elle cesse, il devient aveugle. Mais il n'a qu'une préoccupation, c'est de voir une troisième fois encore Notre-Dame :

> Ah ! douce Vierge, s'il peut être
> Qu'une fois encore je vous voie,
> Jamais plus vivre ne voudrais.
> Je sais bien, Dame, et point n'en doute,
> Que, si vous voulez, vous serez
> Si puissante que le ferez.
> Dame, or me soit encor montrée
> Votre beauté, s'il vous agrée,
> Si peu de temps et de si loin
> Que voudrez, et je veux ce poing
> Me soit coupé.

Mais Notre-Dame ne veut pas lui imposer une nouvelle épreuve. Elle descend près de lui avec son cortège d'anges, lui rend la vue et le ramène avec elle en paradis.

La mère meurtrière involontaire de son enfant (1).

Le plus dramatique peut-être et un des mieux venus parmi les *Miracles de Notre-Dame* est celui « de la femme qui fut condamnée à mort pour avoir tué son enfant par imprudence. »

Nous entendons d'abord un bourgeois et sa femme se lamenter de ne pas avoir d'enfant : « Nous avons une belle fortune, et foison de biens temporels, dit le mari ; si Dieu nous donnait un fils ou une fille pour les posséder après nous, je saurais en mourant à qui je les laisse, et ce serait pour moi grande consolation. » Et la femme répond :

> Ah ! Seigneur, quand seule me vois,
> Je dis souvent : « Eh Dieu ! pourquoi
> Ne te plaît-il que j'aie enfant ? »
> Et m'advient souvent qu'en pensant
> A cela, longtemps je demeure,
> Et quand j'ai bien pensé, je pleure
> Et fais deuil fort.

Nous apprenons bientôt par une conversation entre Dieu et Notre-Dame que leurs vœux vont être exaucés, mais Dieu ajoute :

> Si bien ou mal leur en viendra
> Ne vous dirai-je nullement.

Et nous entrevoyons dans cette réserve les malheurs qui vont suivre. Nous assistons ensuite à

(1) N° 15 de la *Collection des Miracles*.

la naissance de l'enfant, et presque aussitôt des inquiétudes se manifestent à son sujet : « Allons vite à l'église, dit la sage-femme,

> Faire chrétien cet enfant,
> Car à naître a eu tant de peine
> Que je ne suis mië certaine
> Que guères vive.

Cependant le bourgeois, qui a fait un vœu à Notre-Dame du Puy, part pour s'en acquitter.

Peu de temps après, la mère se fait préparer un bain, et, quand elle y est entrée, demande qu'on lui apporte son enfant : « Çà ! mon doux enfant, çà venez ! » Puis elle envoie sa chambrière parler à une voisine ; mais, pendant son absence, elle cède au sommeil. La chambrière rentre :

> Madame, en santé Dieu vous tienne !
> Mais elle dort, à ce qu'il semble !
> Où a-t-elle son enfant mis ?
> Pas ne le tient ! Dieu ! que ferai ?
> Lasse ! Lasse ! Que deviendrai ?
> Lasse ! Son enfant est noyé !

Aux cris de la mère et de la chambrière accourt un sergent du bailli, qui cherchait précisément pour son maître quelque affaire à juger.

Dans une scène antérieure, qui est une scène de comédie, le bailli s'était plaint de n'avoir plus de causes à juger et partant plus d'amendes à toucher : « Mes amendes, dit-il au sergent, sont dépensées à la taverne et sonnent dans vos bourses.

> Quand de quelqu'un êtes saisi
> Qui a commis quelque méfait,

Je sais trop bien comment on fait :
Avant qu'en aie connaissance,
Il vous emplit de vin la panse,
Et vous ost la bourse fourrée.
Ainsi l'amende est recelée,
Et point n'en ai.

LE SERGENT

Seigneur, par mon âme, je fais
Bon serment que jamais encore,
Depuis que suis votre sergent,
Ce que vous dites ne m'advint
Ni de l'avoir fait me souvient.

LE BAILLI

Je vous en crois bien, ami cher ;
Assurément vous n'êtes point
Pareil aux autres. N'en dis plus.
Ecoute-moi, par cette ville
Va-t'en tout doucement cherchant
Un petit homme de corps grand
Qu'on appelle Lupin Coquet :
Il a deux bons yeux, mais borgne est.
Quand trouvé l'auras, fais en sorte
Qu'ici même tu me l'amènes
Ou mort ou vif.

Le sergent, qui est un naïf, s'en va à la recherche de Lupin Coquet. C'est alors qu'il entend des cris et pénètre dans la maison. Il s'enquiert de ce qui s'est passé, puis il va quérir le bailli, qui met la mère en état d'arrestation et saisit ses biens.

Le jour des assises du comté, on traduit la malheureuse devant lui : « Cette dame a tué son enfant, dit le bailli. Que dois-je en faire ? — La justice et le droit commandent qu'elle soit brûlée vive, » répond le comte.

LA MÈRE

Ah! Messeigneurs, pitié, pitié!
Ne regardez pas le méfait
Quel il est, mais comment fut fait,
En quel lieu, par quelle aventure,
Afin que de moi, créature
Pauvre, chétive et misérable,
Chacun ait le cœur pitoyable
    Un tant soit peu!

LE COMTE

Tu dis bien, femme. Or dis comment
Le fait advint de point en point,
Et prends garde ne mentir point,
Car d'autant plus tu nous diras
Vérité, plus tôt grâce auras
    D'entre nous tous.

LA MÈRE

Certes, croyez, mon seigneur doux,
Que d'un mot pas ne mentirai,
Mais vérité pure dirai.
Il est vrai que je me baignais,
Comme accouchë que j'étais
D'un fils qui tant m'a donné peine
Que je fus malade quinzaine,
Et je fus en danger de mort.
C'est pourquoi, par ardeur de cœur,
Mon compagnon et mon ami
Se voua à aller pour moi
Notre-Dame du Puy requerre (1).
Lasse! Pour lui le cœur me serre
De douleur, et je n'en puis mais,
Car ne crois plus le voir jamais,
Et je dois bien pour lui pleurer!
Mais c'est assez de lui parler.
Seigneur, pour baigner mon enfant
Le demandai, me fut donné.

(1) Requérir, prier.

> Mon pauvre corps avais si las
> Que bientôt après m'endormis
> Au bain, et l'enfant de mes mains
> M'échappa. N'y a plus ni moins,
> Tout est comme je vous l'ai dit.
> Miséricorde je vous crie
> A vous tous ! Ne sais plus que dire,
> Car j'ai bien l'âme torturée
> > Par la douleur.

On fait retirer l'accusée, et la délibération commence. Le comte est porté à l'indulgence : « Elle m'a fait pitié au cœur, » dit-il. Mais on lui représente que, s'il ne fait pas justice, son suzerain pourra mettre la main sur sa seigneurie. Alors il n'hésite plus : « Il vaut mieux, dit-il, qu'elle meure honteusement, puisqu'elle a commis le meurtre, que si je m'exposais à perdre ma terre pour elle. » Et il ordonne l'exécution :

> J'ordonne qu'il soit publié
> A haut cri, en plein carrefour,
> Qu'un homme de chaque maison
> Sorte pour voir le châtiment,
> Et qu'on aille dire au bourreau
> Qu'il aille d'abord sans retard
> > L'appareil faire.

Ce jour-là même, le mari revient de son pèlerinage. Il rencontre un de ses cousins, qui évite de répondre à ses questions, et qui tâche de le faire passer par un autre chemin pour qu'il ne se trouve pas en face de sa femme marchant au supplice. La scène est pathétique.

LE COUSIN
> Beau cousin, la Vierge honorée
> Soit louée ! En bon point vous trouve.

Comment avez été depuis
Que ne vous vis ?
LE MARI
Très bien, cousin, par saint Rémy!
Et vous, avez-vous bien été?
Comment va-t-on à la maison ?
Ne me mentez.
LE COUSIN
Je le vous dirai, beau cousin.
Mais, par Dieu! je ne voudrais point
Que vous alliez par cette voie :
De çà tournons!
LE MARI
Cousin, en ma maison serons
Plus tôt par ci.
LE COUSIN
Vous n'irez pas, je vous en prie.
Il m'en faut croire.
LE MARI
Vous me semblez tout effrayé.
Pour Dieu! dites-moi, qu'y a-t-il?
Craignez-vous par quelque rencontre
D'être en danger?
LE COUSIN
Non point, cousin, par Notre-Dame!
Aucunement.
LE MARI
Y aurait-il donc quelque chose
Qui ne serait pas bien à point?
Je vous pri, ne me mentez point!
Dites-moi vrai.
LE COUSIN
Eh bien! puisqu'il le vous faut dire,
Cousin, venez-vous-en, venez.
Certes plus de femme n'avez
Ni plus d'enfant!
LE MARI
Hélas! Qu'entends-je? Que me dites,
Cousin? Voici parole amère!

> Ai-je perdu et fils et mère
> Tous deux ensemble?
> LE COUSIN
> Oui, cousin, c'est la vérité,
> Ainsi est-il.

Le cousin raconte alors comment les choses se sont passées, et pourquoi il a voulu prendre une autre route. Le mari exprime sa désolation :

> Hélas! malheureux! Qu'ai-je fait
> A votre Fils, Vierge Marie?
> Ne crois pas qu'il soit homme en vie
> Plus malheureux que je ne suis.
> Hélas! Je pensais aujourd'hui
> Avoir un jour plein de liesse,
> Mais je l'ai plein de grand tristesse.
> Ah! compagne loyale et vraie,
> Ta mort me fait trop dure plaie
> Quand par tel malheur je te perds.
> Car tes tourments qui sont visibles
> Aux gens me sont aussi au cœur,
> Et tant ils m'angoissent pour toi
> Que je puis à peine parler !

Comme on arrive près d'une chapelle, il y entre pour prier, et dit à son cousin :

> Vous, allez voir ma pauvre femme,
> Et me rapportez, par votre âme!
> Ce que pourrez de ses regrets,
> Car j'ai à cœur de le savoir,
> Et la manière de sa fin.
> Ici vous attendrai, cousin.

Notre-Dame a pitié de lui ; elle vient lui dire que son tourment n'est qu'une épreuve, et que sa joie sera deux fois plus grande.

Cependant, l'heure de l'exécution approche. Le sergent amène la condamnée au bailli.

LE SERGENT
Voici la femme que j'amène
Devant vous, sire.

LE BAILLI
Dame, il vous faut mort recevoir.
Bourreau, fais d'elle ton devoir !
Ne vous puis qu'un conseil donner :
Priez Dieu qu'il vous veuille aider
Et donner patience, dame,
Telle que ne perdiez pas l'âme
Avec le corps.

LA DAME
Ah ! doux Dieu de miséricorde,
Si d'angoisse le cœur me manque,
Qu'en puis-je mais, quand il me faut
Honteusement quitter ce monde !
Seigneurs, si ne puis empêcher
Qu'ici mon corps ne soit détruit,
Pour Dieu, faites que bientôt meure,
Afin que par longue douleur
Ne renië mon Créateur,
Je vous en prie.

LE COMTE (*s'adressant au sergent et au bourreau*)
Menez-la tous deux sans délai.
Nous vous suivrons ; allez devant.

LE BOURREAU
Or çà, dame, passez avant ;
Ne pouvons plus ici rester,
A votre fin vous faut venir.
Priez ces gens que pour vous prient
Et que leurs patenôtres disent
Chacun pour vous.

LA DAME
Adieu, adieu, mes amis, tous,
Et vous surtout, vous, mon ami,
Mon loyal seigneur, mon mari !

Hélas ! si j'avais pu le voir,
Plus aisément en fusse morte.
Ce ne peut être, bien le vois,
Hé! bonnes gens, priez pour moi,
Que Dieu de mon âme ait merci,
Car certes j'en ai bien besoin.

Comme on passe devant sa maison, elle adresse une requête au comte :

Sire comte, je vous requiers
Et vous pri, pour l'amour de Dieu,
Que nous arrêtions en ce lieu,
Et que me fassiez cette grâce
Que puisse voir la créature
Pour qui je vais en telle honte
    Recevoir mort.

LE COMTE

Certes, femme, je te l'accorde.
Or tôt, Tristan, va le chercher
Et le m'apporte ici. Fais vite !

On apporte le petit corps.

LE BAILLI

Eh bien, femme, voici l'enfant
Que tu as demandé à voir,
Que tu as tué. Maintenant
    Qu'en veux-tu faire ?

LA DAME

Ah ! cher seigneur, veuille vous plaire
Que je le puisse un peu tenir
Et baiser, pour mon appétit
    Rassasier.

LE BAILLI

Je ne le te veux refuser :
    Tiens, le voici.

LA DAME

Eh! doux enfant, Dieu ait pitié
Et de ton âme et de la mienne !

Combien m'est aujourd'hui changée
La joie que de toi j'avais,
Quand en mon sein je te portais!
Mère du très doux Roi céleste,
Je vous rends grâce, c'est justice :
Je vous ai bien des fois priée
Pour qu'un enfant vous me donniez,
Car j'en espérais grande joie.
Et pour lui suis à mort menée !
Et à une mort si honteuse,
Et si laide et si angoisseuse,
Que d'y penser je perds le sens.
Ainsi se rompt la compagnie
De ton père et de moi par toi,
Doux enfant, ou plutôt par moi,
Bien juste il est que je le paye.
Vrai Dieu, réconfortez le père,
Car bien aura de quoi pleurer,
Quand nous deux verra trépassés !
Maintenant, mon doux enfançon,
Te vais baiser, puis te laisser,
Et pour ta mort mourir irai,
   Infortunée !

A ce moment, par un miracle, l'enfant se met à crier. Il est ressuscité. Grand émoi dans l'assistance. Le comte fait délier la prisonnière et lui rend la liberté. Le mari, averti, accourt près d'elle, et tous les deux vont remercier Notre-Dame.

La mère du Pape (1).

Une femme a trois fils, dont l'un est pape, et les deux autres cardinaux. Dans son orgueil de mère, elle se compare à Notre-Dame et se met même au-dessus d'elle, puisque l'un de ses fils est « Dieu sur terre » et que les autres pourront le devenir à leur tour. Elle se repent bientôt de son orgueil, mais aucun prêtre ne croit pouvoir lui donner l'absolution, et on la renvoie au pape, son propre fils. Elle arrive devant lui, accompagnée du grand pénitencier et de ses deux autres fils, les cardinaux. Le pape n'aperçoit d'abord que les cardinaux, et comme il les savait près de leur mère, il en demande des nouvelles.

LE PAPE

Soyez les bienvenus, mes frères.
Quelles nouvelles, je vous prie,
De notre mère ?

Mais la mère se précipite à ses pieds :

LA MÈRE DU PAPE

Pitié, cher fils, pitié, doux Père,
Pitié pour une pécheresse,
Qui veut pardon et pénitence
Avoir de vous !

LE PAPE

Qu'est-ce, seigneurs ? Dites-le nous.
A fait notre mère tel faute

(1) N° 16 de la *Collection des Miracles*.

Que de son méfait soit utile
Que je connaisse ?
UN DES CARDINAUX
Sire, elle vit à grande angoisse,
Dont j'ai le cœur triste et dolent.
Dieu veuille qu'à son âme serve
Ce qu'elle souffre !
L'AUTRE CARDINAL
Sire, s'elle se déconforte,
Elle a bien cause, n'en doutez ;
Car péché en elle est entré,
Plein de trop grande énormité.
Aussi faut-il en vérité
Que par vous remède y soit mis.
Soyez doux pour elle et ami,
Par votre grâce !
LE PAPE
Il faut d'abord qu'elle me fasse
Savoir de quoi requiert pardon,
Que lui en puisse faire don.
Pénancier, que ne l'avez-vous
Absoute, sans que l'ameniez
Auprès de nous ?
LE PÉNITENCIER
Saint Père, vous m'auriez tenu
Pour fou, si ainsi l'eusse fait,
S'il vous plaît, entendrez son fait,
Et à vous s'en confessera ;
Et ce qui à faire en sera
Ordonnerez.
LE PAPE
J'y consens. Dame, avancez-vous ;
Puisque vous requérez merci,
Mettez-vous à genoux ici,
Et me dites votre péché,
Dont avez le cœur tourmenté
Si malement.

La mère confesse sa pensée d'orgueil : « Moi,

fiente, ordure et néant, j'ai osé me comparer à l'humble Vierge mère, etc. »

— « Des trois espèces de péchés que l'on peut commettre, lui dit le pape, contre Dieu, contre le prochain ou contre soi-même, vous avez commis le plus grand : vous avez méfait contre Dieu et contre sa mère. Le plus terrible châtiment ne saurait égaler pareille faute. Mais puisque vous êtes repentante, j'ai confiance en la miséricorde de Dieu.

  Je vous donne pour pénitence
  D'être pour dix ans pèlerine,
  D'aller à sainte Catherine,
  Et à saint Jacque et à saint Gille.
  Toujours allez de ville en ville
  Demander des saints le suffrage.
  Et vous défends qu'en ce voyage
  Vous preniez l'aise de coucher
  Plus d'une nuit en même ville.
  Et en quel lieu que nuit vous prenne,
  En bois, en ville ou en chemin,
  Je veux que vous demeuriez là
  Cette nuit jusqu'au jour venant.
  Or, allez sans aucun retard
  Vous préparer. Et maintenant,
  Vous donne bénédiction
  Et vous fais absolution
    Plénière, dame !

    LA MÈRE DU PAPE

Ah ! Saint Père, priez pour moi !
Me donnez dure pénitence,
Mais volontiers en prends la charge,
Car je l'ai trop bien méritée.
Trop à mon aise fus servie,
Juste il est que serve devienne.
Beaux seigneurs, que Dieu vous protège !
A vous tous je me recommande,
  Priez pour moi !

La suite est de médiocre intérêt ; la mère du pape exécute scrupuleusement sa pénitence et meurt saintement.

La pensée d'orgueil, sur laquelle repose toute la pièce, nous paraît aujourd'hui puérile, et, par suite, la pénitence exorbitante. Mais, si l'on admet le point de départ, il faut reconnaître que la situation est forte, et que l'auteur a su en tirer une scène habilement graduée et très pathétique.

Barlaam et Josaphat (1).

Les astrologues ayant annoncé au roi, père de Josaphat, que son fils se ferait chrétien, le roi, pour empêcher la prédiction de se réaliser, confie l'enfant à des chevaliers, qui ont mission de l'élever dans un château isolé, en lui procurant tous les jeux, toutes les distractions, tous les amusements possibles, sans jamais lui parler de choses tristes qui pourraient « émouvoir sa pensée », ni permettre à personne de lui parler du Christ.

Mais, en grandissant, le jeune prince s'étonne de sa reclusion ; rien ne l'amuse plus, il dépérit, et il demande à revenir près de son père. Celui-ci, averti du danger que court la santé de son fils, consent à le rappeler. En route, Josaphat va voir se poser devant lui, sous la forme concrète d'un lépreux et d'un vieillard, les douloureux problèmes du mal physique et de la mort, qu'on a pris tant de peine à écarter de sa pensée.

(1) N° 21 de la *Collection des Miracles.*

UN LÉPREUX
Je vois venir foison de gens ;
Mes cliquettes me faut sonner.
(*S'adressant à Josaphat*)
Votre aumône, mon seigneur cher,
A ce malade!
JOSAPHAT
(*se tournant vers les chevaliers qui l'accompagnent*)
Tant est, seigneurs, laide et horrible
Cette chose que je vois là,
Qu'ébahi en suis, par ma foi !
Quelle chose est-ce ?
UN CHEVALIER
C'est un pauvre homme que tourmente,
Mon seigneur, le mal de la lèpre,
Qui, sur toutes, est maladie
Moult réprouvée.
JOSAPHAT
Puisqu'en un homme elle se trouve,
L'a donc chacun ?
UN AUTRE CHEVALIER
Non point, seigneur, pas un sur cent.
Si pareil mal chacun frappait,
Trop dur serait.
JOSAPHAT
Connaît-on donc pleinement ceux
Qui tel mal ont à soutenir,
Ou vient-il sans qu'on le prévoie?
LE PREMIER CHEVALIER
Seigneur, il n'est homme qui puisse
Savoir choses qui sont à être,
Ni clerc ni lai (1), tant soit grand maître
Ou grand savant.

Un vieux pauvre survient.

LE VIEILLARD
Par Mahom, je crois que jamais

---

(1) *Lai*, forme populaire de *laïque*, conservée dans la locution
« frère lai ».

Ne sortirai de cette peine !
Vieillesse à faiblesse me mène ;
Ne puis plus aller sans bâton.
   (*S'adressant à Josaphat*)
Sire, de grâce, un petit don,
  Maille ou denier !
   JOSAPHAT
Seigneurs, cet homme que voilà
M'étonne encore plus que l'autre.
C'est à peine s'il peut marcher.
   (*S'adressant au pauvre*)
Beau prud'homme, veuillez parler
Clairement. Que babillez-vous ?
  Point ne comprends.
   LE VIEILLARD
Mon doux seigneur, la main vous tends,
Donnez-moi quelque chose, sire.
Autrement ne le vous puis dire,
  Je suis trop vieux.
   JOSAPHAT
Je ne sais qu'il dit, par nos dieux !
Allons nous-en, et laissons-le.
  (*S'adressant à un de ses chevaliers*)
Doux ami, dites-moi pourquoi
  Il est ainsi.
   LE CHEVALIER
Ce qui le met en cet état,
C'est qu'y a moult d'ans qu'il est né,
Car à tel état destinées
  Sont vieilles gens.
   JOSAPHAT
Et quelle est la fin, dites-moi ?
   LE CHEVALIER
La fin, mon seigneur, c'est la mort,
  C'est là qu'on vient.
   JOSAPHAT
Maintenant, dites-moi s'il faut
Aux uns mourir, aux autres non ?
Répondez-moi ce qu'en savez.

LE SECOND CHEVALIER
Sire, ce point savoir devez :
Tous faut mourir.
JOSAPHAT
Et au bout de combien d'années
Mort vient à homme ?
LE CHEVALIER
Certes, quand l'homme vit la somme
De quatre-vingts ans, dire l'ose,
Ou de cent au plus, c'est grand chose.
Lors est à vieillesse livré,
De laquelle la mort s'ensuit
Bientôt après.

Quand il est arrivé près de son père, après l'échange des salutations, Josaphat demande qu'on le laisse seul, et il réfléchit à ce qu'il vient de voir et d'apprendre :

Toujours me trouble la pensée
Que vivre ne puis sans vieillesse ;
M'en ébahis. Mais alors, qu'est-ce
Que vie d'homme ? C'est un rien !
Car plus il vit, plus vieux devient,
Plus vit et plus perd sens et force,
Et plus la mort sur lui s'efforce.
Après la mort que devient-il ?
Je ne sais Ah! si je pouvais
Quelqu'un trouver qui le sût dire,
Heureux serais.

On croit entendre Hamlet.

Dieu donne alors à Barlaam, ancien maître d'hôtel du roi, qui s'est converti et s'est fait ermite, l'ordre d'aller enseigner à Josaphat la foi chrétienne. Barlaam se déguise en marchand, et s'adresse d'abord à l'écuyer du prince :

Ami, veuillez me renseigner
Sur ce que vous voux demander.
Marchand suis, qui ai une pierre
A vendre, précieuse et fine,
Qui les aveugles illumine,
Qui fait ouïr les non-oyants
Et fait parler les non-parlants,
Et qui aux fous donne sagesse.
Comment pourrais-je avoir loisir
D'entretenir le fils du roi,
Et de ma pierre lui montrer ?
    Dites-le-moi.

L'ÉCUYER

Tu sembles sage, par ma foi,
Ami, quand on voit ton visage ;
Mais tu es fou dans ton langage :
Jamais pierre n'eut tel puissance.
Aux pierres bien je me connais ;
Montre-la-moi donc, je t'en prie,
Et s'elle est telle que tu dis,
Je ferai qu'à lui parleras,
Et que grand honneur t'en viendra,
    N'en doute point.

BARLAAM

Ma pierre, ami, écoute-moi,
Est telle, tiens-le pour certain,
Que tout homme qui n'a l'œil sain,
Et chasteté ne garde entière,
S'il venait à la regarder,
Soudainement perdrait la vue.
Et je vois que sains yeux n'as pas :
Aussi, ne te la veux montrer.
Mais j'ai bien pour vrai ouï dire
Que très bons yeux, sains et nets, porte
Le fils du roi, et point n'est morte
    Sa chasteté.

L'ÉCUYER

Puisqu'elle est telle en vérité,
Je ne veux point qu'on me la montre.

A mon seigneur te mènerai
Sans plus tarder, et lui dirai
Ton fait.

Tous les deux arrivent devant Josaphat.

L'ÉCUYER

Mon cher seigneur, voici
Un marchand qui, par sa merci,
Vous apporte une telle pierre
Que je pense qu'en nulle terre,
A ce qu'il dit, n'ait sa pareille.
C'est noble chose et grand merveille
De ses vertus.

JOSAPHAT

Ami, soyez le bien venu :
De votre venue ai grand joie.
Pourrait-il être que je voie
Cette pierre que vous avez?
Je veux près de moi vous seyez :
Avancez-vous.

BARLAAM

Seigneur, me faites grand honneur,
Car n'avez à ma petitesse
Regardé, mais à la largesse
De votre grand bénignité.
Et c'est bien fait, en vérité.
Pour ma pierre, que demandez,
Voici que j'en dis, écoutez :
Il est vrai qu'un Dieu fit ce monde
Et toutes choses qui s'y trouvent,
Et l'homme fit à sa semblance,
Auquel seigneurie et puissance
Il donna sur toute autre chose.
Le mit en Paradis terrestre,
Là lui furent abandonnés
Tous les fruits, et lui fut permis
D'en manger, hormis d'un ; hélas !
Cet ordre transgressa le pauvre !
Car il crut conseil de sa femme,

Et en tel malheur en tomba,
Que, si goûté il n'en eût point,
Il n'y aurait pas eu de mort.
Mais par ce fait qu'il en goûta,
Du paradis Dieu hors le mit.
Dès lors il put un temps durer,
Mais lui fallut mort endurer ;
Et par lui, tous nous y courons :
N'est nul qui s'en puisse défendre.
Mais Dieu qui, en sa déité,
A de personnes trinité,
Voyant comment en son servage
Satan tenait l'humain lignage,
Et qu'en enfer tous descendaient
A la mesure qu'ils mouraient,
Son fils en terre nous transmit,
Qui d'une vierge voulut naître,
Et là prit notre humanité.
Et de la très grand charité
Qu'il eut pour nous il s'enivra
Tant que d'enfer nous délivra,
Et fit notre rédemption
Par la benoîte passion
Que Juifs lui firent souffrir :
De son bon gré il s'y offrit,
En homme vrai et en vrai Dieu.

JOSAPHAT

Sur un point m'éclairez, prud'homme :
Puisqu'il était vrai Dieu, comment
Sentit-il peine ni tourment,
  Et mourut-il ?

BARLAAM

J'ai dit qu'il avait deux natures,
Et que l'une divine était :
Celle-ci peine ne sentit.
C'est seulement nature humaine
Qui sentit et souffrit la mort,
Et de mort il ressuscita
Par la vertu de sa nature

Divine, qui dura et dure
Sans fin et sans commencement.
Et croyez bien qu'un jour sera
Que comme homme et Dieu il viendra
Les bons et les mauvais juger :
Mauvais seront sans fin punis,
Les bons auront gloire sans fin.
Et c'est à quoi devraient penser
Les fous qui les idoles servent ;
Vraiment sont fous et pleins de rage,
Qui adorent leur propre ouvrage
Et ce que de leurs mains ont fait.
Seigneur, autant j'en puis bien dire
De ceux qui aiment tant ce monde,
En qui toute malice abonde !
Ils ressemblent, ce m'est avis,
Un homme qui eut trois amis :
L'un d'eux il aimait plus que soi,
En le second avait tel foi
Qu'autant que soi-même l'aimait,
Le troisième était moins aimé.
Or advint que devant le roi
Il fut cité, pour quelque affaire.
A son grand ami vite il fut
Pour demander aide et conseil,
En lui montrant comment toujours
L'avait aimé. Et celui-ci
Lui dit : « Je ne te connais point ;
Mais puisque tu es en tel point,
Si besoin est, de moi auras
Deux draps dont tu te couvriras. »
A ces mots, tout mat et confus,
Il part, est au second venu,
Qu'il pria comme le premier.
L'autre dit : « Ne veux m'en mêler,
Mais pour toi cela je ferai :
Jusqu'à la porte du palais
Volontiers t'accompagnerai,
Et puis je m'en retournerai. »

Quand ces paroles il entend,
Il part, le cœur plein de tristesse,
Et, ainsi qu'un désespéré,
Va trouver son troisième ami.
Quand devant lui vint, il baissa
La tête, et tomber se laissa,
Et lui dit : « N'ose te parler,
Car ne t'ai pas, c'est vérité,
Aimé comme devais le faire.
Mais en mauvais cas me suis mis,
Et tous mes amis m'ont failli ;
Pour Dieu, ne m'abandonne pas ! »
Et aussitôt il lui répond :
« Je te tiens pour mon cher ami,
Ne redoute nul qui t'accuse,
Car devant le roi m'en irai
Pour toi, et je te sauverai. »
Ce premier ami, sire, qu'est-ce ?
C'est Possession de richesse,
Que les mondains à grand labeur
Assemblent de nuit et de jour ;
Et quand de ce monde ils s'en vont,
Leurs pauvres membres ne sont plus
Recouverts que des plus vieux draps,
Ils ont là bien pauvre trésor !
Quant au second des trois amis,
Ce sont femme, enfants et parents,
Qui jusques à la fosse vont
Où ils enfouissent le mort,
Et puis chez eux ils s'en retournent.
Le troisième est en vérité
Foi, Espérance et Charité,
Aumône, qui les péchés couvre
Et éteint, et toute bonne œuvre
Que nous pouvons ici-bas faire,
Et par quoi pouvons à Dieu plaire
Et nous sauver de l'Ennemi.

Josaphat est convaincu et converti. Comme il demande son âge à Barlaam, celui-ci répond : « J'ai quarante-cinq ans. »

JOSAPHAT

Père, il semble à votre visage
Que soixante-dix ans passés
Vous avez d'âge, et même plus,
  En vérité.

BARLAAM

Si vous dès ma nativité
Voulez tous les ans compter, sire,
Vous pourrez bien vérité dire ;
Mais de compter n'ai pas envie,
Dans la mesure de ma vie,
Les ans qu'au monde ai dépensés
Et en vanité répandus ;
Car mort j'étais dans l'âme alors,
Et l'on ne doit pas les ans morts
  Dire ans de vie.

Josaphat voudrait accompagner Barlaam dans son ermitage, mais il pourrait ainsi provoquer une persécution contre les chrétiens :

Demeurez, sire, en votre lieu,
Jusques à tant que vous verrez
Temps que mieux venir y pourrez.
Je vous ai montré notre foi ;
Or la gardez et baisez-moi,
  Je m'en irai.

Une occasion se présente bientôt, pour Josaphat, de confesser sa foi. Un de ses chevaliers l'engage à faire un sacrifice :

LE CHEVALIER

Cher sire, êtes de grand noblesse :
Quand ferez aux dieux sacrifice ?

Ne devez pas comme homme vil
　　Vivre sans foi.
　　　　JOSAPHAT
Je ne le fais. Ami, tais-toi;
De tes dieux ne me parle plus;
Le Fils de la Vierge, Jésus,
　　Je crois et sers.
　　　　LE CHEVALIER
Sire, vous croyez follement ;
Quand votre père le saura,
Bien sais qu'il s'en courroucera.
　　　　JOSAPHAT
Certes, je veux bien qu'il le sache.
Vas à la cour, va, je t'en prie;
Et hardiment déclare-le,
　　Sans nul retard.

Le roi, instruit de la conversion de son fils, va le trouver et essaie de le ramener à ses dieux :

　　　　LE ROI
Pourquoi m'a mis en tel tristesse
Que ma vieillesse déshonores,
Que nos dieux laisses et adores
　　Un étranger ?
　　　　JOSAPHAT
Père, j'ai fait un noble change :
Me suis des ténèbres enfui,
Pour la lumière vraie avoir.
Ne faites pas des efforts vains,
Car pas plus que de votre main
Vous ne pouvez le ciel toucher,
Ni jamais la mer dessécher,
Vous ne pourrez me rappeler
　　De Christ servir.

Une seconde tentative du roi ne réussit pas mieux que la première.

LE ROI

Beau fils, accole-moi et baise,
Jamais sans toi je ne fus aise.
Je prends grand joie à ta jeunesse :
Toi, fais honneur à ma vieillesse,
Car les biens ne peuvent venir
Qu'à l'enfant qui se veut tenir
Obéissant, craignant son père.
Et qui ne l'est, bientôt le paye,
    Car mal lui vient.

JOSAPHAT

Père, il est un temps où il faut
Aimer, en autre il faut haïr,
Temps de paix et temps d'envahir,
C'est-à-dire temps de bataille.
Ne dois pas tant vous obéir
Que Dieu je puisse abandonner,
    Par qui suis né.

Le roi emploie sans succès plusieurs stratagèmes pour arracher la foi chrétienne du cœur de son fils. Un jour il le laisse seul avec la fille d'un roi voisin, qui a pour mission de le séduire. Elle lui promet de se faire baptiser s'il consent d'abord à devenir son « ami ». Josaphat est sur le point de succomber à la tentation, mais il fait appel à Notre-Dame, qui vient le réconforter. Il se relève alors, plein d'une ardeur nouvelle :

Ah ! quel doux réconfort j'ai eu,
Vierge, d'ici vous avoir vue !
Fi, fi de la beauté humaine,
Et fi de la joie mondaine !
Certes, point je n'aurai de cesse
Que me sois jeté hors du monde,
    Car je le hais !

Quand il reparaît devant son père, le roi lui dit :

Fils, venez-vous de travailler,
Ou de quel lieu ?

JOSAPHAT

Je viens d'adorer le vrai Dieu,
Qui nous a faits et défera
Tous et toutes quand lui plaira :
Il en est maître.

LE ROI

Toujours es prêt, par tes paroles,
Quand moi et toi sommes ensemble,
A me courroucer, ce me semble.
Ne me parle plus de ton Dieu,
Et crois-moi, tu en feras mieux.

JOSAPHAT

Père, un jour seras devant lui
Conduit, que le veuilles ou non,
Et tu devras rendre raison
Et compte de toute ta vie.
Là se vengera des ennuis
Et du mal qu'à cause de lui
Tu as aux chrétiens pu faire,
Si n'y prends garde.

Un seigneur de la cour, du nom de Théodas, intervient alors :

THÉODAS

Josaphat, tu dis chose étrange.
Comment veux-tu nous faire entendre
Qu'un jour viendra qu'il faudra rendre
Raison de tout ce qu'aurons fait ?
Quand pourrait donc jamais finir
Ce jugement ?

JOSAPHAT

Quand ? Théodas, beau doux ami,
Aussi tôt qu'œil s'ouvre et se clôt,
Car il n'est rien à Dieu caché :
Toute chose il voit clairement
Et sait dès le commencement.

> Autrement ne serait pas Dieu.
> Et sachez bien, sans aucun doute,
> Ceux qui sont hors de sa croyance,
> Et qui n'ont saint baptême pris,
> Sans fin seront de feu épris.
>   Je te dis vrai.

La pièce finit par la conversion du roi et de toute sa cour. Josaphat les conduit à l'ermitage de Barlaam; celui-ci manifeste une grande joie, et tous quittent la scène à sa suite, pour aller recevoir le baptême de sa main, en chantant *Ave, Regina cœlorum*.

Saint Ignace d'Antioche (1).

Le miracle de saint Ignace d'Antioche se compose essentiellement d'une série de scènes de torture. L'empereur Trajan veut contraindre Ignace à adorer les faux dieux et « Mahomet », et, à trois reprises différentes, il le fait torturer sous ses yeux ; Ignace passe le reste du temps dans la prison, où il est visité en secret par des néophytes qui viennent recevoir ses instructions, par les anges qui lui apportent un pain et un pot de boisson, et par un ermite, à qui Notre-Dame a remis au nom de Dieu une boîte d'onguent et qui panse ses blessures.

Les scènes de martyre sont d'un réalisme brutal. Trajan dit aux sergents :

> Seigneurs, or tôt en ma présence
> Ici tout nu le dépouillez,

(1) N° 24 de la *Collection des Miracles*.

> Et frappez du plomb des lanières
> Sur les épaules tant de coups,
> Que lui brisiez et chair et os.
> Puis les côtés lui déchirez
> Avec des peignes acérés.
> Ensuite, avec des pierres dures,
> Toutes ses plaies et ses blessures
> Fort lui frottez.

On ordonne à Ignace de se dépouiller de ses vêtements, on l'attache à un poteau, et le supplice commence : « Tiens ! méchant, dit un des sergents reçois ce coup de lanière (1). — Et celui-ci ! ajoute l'autre. Combien crois-tu que pèse ma lanière ? » Les bourreaux s'excitent à bien frapper : « Il n'a pas la chair assez noire ; frappe comme je fais, pour que la tache du coup paraisse ! — Je sais bien faire. Regarde ! Est-ce frappé assez fort ? » Et la conversation continue sur ce ton, pendant qu'on l' « étrille » avec les peignes de fer, en faisant jaillir le sang, et plus tard lorsqu'on lui déchire le dos avec les ongles d'acier : « Regarde ! dit un sergent, je lui enlève le cuir du dos ! » Mais quelques jours après, grâce à l'onguent divin, il n'y paraît plus :

> UN CHEVALIER
> Il semble à la mauvaise femme
> Qui s'engraisse d'être battue :
> Il a bien sa chair revêtue
> De bonne peau !
> IGNACE
> Le Dieu que j'invoque et j'adore
> Ainsi me nourrit et renforce
> Que plus je souffre, plus j'ai force
> De plus souffrir.

(1) On trouve une scène analogue dans le *Miracle de saint Valentin*.

Enfin on lâche sur lui deux lions : ils le terrassent, mais se contentent de le flairer en le poussant d'un endroit à l'autre : il était mort. Les néophytes emportent son corps pour l'ensevelir, et la pièce finit ainsi.

Guibour (1).

Nous trouvons aussi des scènes d'un réalisme extrême dans le miracle « de la femme que Notre-Dame sauva du bûcher ». Guibour est une femme très honnête et très pieuse, à laquelle on apprend, comme elle sort du sermon, que l'amitié qu'elle témoigne à son gendre paraît suspecte, et qu'il n'est bruit dans la ville que de l'amour coupable qu'on lui attribue. Elle ne trouve d'autre moyen pour arrêter la calomnie que de faire assassiner son gendre, et elle n'hésite pas un instant. Elle aperçoit sur la place deux moissonneurs, qui sont venus des environs avec leur faucille pour louer leurs services. Elle s'approche d'eux :

> Seigneurs, êtes-vous ci venus
> Pour faire gain ?
>
> PREMIER MOISSONNEUR
> Oui bien, dame, avez-vous besoin
> De nul de nous ?
>
> GUIBOUR
> Oui, peut-être. D'où êtes-vous ?
> Dites-le-moi.

(1) N° 26 de la *Collection des Miracles*.

PREMIER MOISSONNEUR
Nous sommes de vers le Crotoy,
Et savons bien scier et battre.
Si avez moissons à abattre,
Volontiers en marchanderons
Vite et bien, dame.
GUIBOUR
Beaux seigneurs, je suis une femme
A qui vous pourrez bien gagner,
Si vous voulez, sans barguigner,
Beaucoup du mien.
DEUXIÈME MOISSONNEUR
Ma foi ! dame, il nous plaira bien.
Qu'avez à faire ?
GUIBOUR
Avant que dise mon affaire,
Veux que sur reliques juriez
Qu'à aucun homme ne direz
Ni à femme ce que dirai ;
Et puis je vous expliquerai
Ce que je veux.
DEUXIÈME MOISSONNEUR
Quant à moi, dame, sans attente,
Je jure que votre secret,
Nul, si ce n'est de votre gré,
Ne le saura.
PREMIER MOISSONNEUR
Ni par moi connu ne sera,
Dame, je vous en assure.
Maintenant dites, je vous prie,
Votre plaisir.
GUIBOUR
Seigneurs, voici tout mon désir :
Qu'un homme me soit à mort mis,
Combien qu'il soit de mes amis,
Par vous deux. Puis prendrez du mien
Largement, je le voudrai bien.
A son propos suis diffamée,
Sans cause, et en court renommée,

> Dont triste et dolent ai le cœur,
> Tant que ne puis par aucun mot
> Vous l'exprimer.
>
> DEUXIÈME MOISSONNEUR
> Dame, dame, à tort ou à droit,
> A nous deux livrez-le, livrez.
> Par nous sera expédié ;
> N'échappera.
>
> PREMIER MOISSONNEUR
> Sûrement ; mais il nous faudra
> Temps avoir d'aviser comment
> Pourrons faire secrètement
> Cette besogne.

On voit que les moissonneurs n'hésitent pas plus que Guibour ; l'auteur va droit au fait, et ne s'embarrasse pas d'analyses psychologiques.

Guibour a pensé à tout ; elle cachera ses complices dans le cellier, et s'arrangera pour y envoyer son gendre chercher du vin :

> Quand le tiendrez, vous le tûrez,
> Sans lui faire plaïe ni sang
> Au ventre, à la tête ou au flanc :
> Etranglez-le.

Lorsque son gendre rentre, elle se dit malade, fiévreuse, altérée, et le prie d'aller lui chercher du vin. Un instant après, les moissonneurs viennent dire que le coup est fait.

> GUIBOUR
> C'est bien, seigneurs, il me suffit.
> Sans plus longtemps vous arrêter,
> Il vous faut vite l'apporter
> Ici. Nous le dépouillerons,
> Et en son lit le coucherons.
> Lors votre argent vous donnerai,

Et puis à la garde de Dieu
Vous renverrai.

On apporte le cadavre.

PREMIER MOISSONNEUR
Dame, montrez-nous sans retard
Où vous voulez qu'il soit couché.
Et s'il vous plaît, vous dépêchez
Avant qu'on vienne.

GUIBOUR
Pour que longtemps je ne vous tienne,
Seigneurs, couchez-le sur ce lit,
Comme s'il dormait par plaisir.

Les moissonneurs placent le cadavre sur le lit.

GUIBOUR
C'est bien, il est comme je veux.
Tenez, et d'aller hâtez-vous,
Qu'on ne vous trouve.

Le mari de Guibour, le maire Guillaume, revient des champs. Il était allé, avec sa fille Marie, visiter ses récoltes. Il a grand faim et il dit à sa fille : « Va chercher Aubin, ton mari, pour que nous déjeunions. » Guibour intervient alors.

GUIBOUR
Aubin est encore couché
Dedans son lit.

GUILLAUME
Il a bien pris à son plaisir
Le gras de cette matinée.
Va l'appeler, va, folle enfant,
Dis qu'il se lève.

LA FILLE
Aubin ! Aubin ! veuillez me dire
Si trouvez qu'il est jour ou non.
Dormirez-vous toujours, beau sire ?

Ne recevant pas de réponse, elle s'approche du lit et découvre Aubin en disant :

>Allons ! debout, sans plus tarder !
>Voulez-vous dormir tout le jour ?
>Qu'est-ce ci, Dieu ! Ah ! mère, mère,
>Voici nouvelle trop amère.
>Me dois bien plaindre et pleurer fort,
>Comme pleine de déconfort.
>>Je suis perdue !
>>>GUIBOUR
>>>(*Feignant de ne pas comprendre*)
>Qu'as-tu d'être si éperdue,
>>Et pour qui pleures ?
>>>LA FILLE
>Pleurer dois bien ! Mes bonnes heures
>Et tous mes bons jours sont passés,
>Car je vois Aubin trépassé.
>Hélas ! hélas ! que vais-je faire ?
>Certes, de douleur je mourrai.
>Ah ! doux Aubin, la compagnie
>D'entre nous deux tôt est finie
>>Par grand malheur !

Le père ne peut en croire ses oreilles : « Fille, est-ce vrai ce que je t'entends dire ? »

>>>LA FILLE
>Déjà est jaune comme cire.
>Père, ne me croyez-vous point ?
>Hélas ! Sans ami suis amie
>>Abandonnée !

Guibour se lamente aussi, et la situation est telle qu'elle peut très sincèrement regretter celui qu'elle vient de faire tuer.

Un voisin accourt au bruit, et prodigue les consolations de circonstance : « Ah ! si j'avais pu empêcher ce malheur ! Mais il est arrivé, et rien ne sert de se faire tant de chagrin. » Puis il offre ses services, que Guillaume accepte : « Faites-moi venir un cercueil. Une autre fois j'en ferai autant pour vous. »

Le bruit de la mort d'Aubin se répand vite, car le voisin, sortant de la maison, en rencontre un autre, et celui-ci communique la nouvelle à deux sergents, qui la diront au bailli, à l'audience duquel ils se rendent.

DEUXIÈME VOISIN
Robert, en santé Dieu vous tienne !
Où allez-vous ?

PREMIER VOISIN
Gautier, je vais, mon ami doux,
Querre un cercueil.

DEUXIÈME VOISIN
Cercueil ! Pour qui ? Est-ce un secret ?
Dites, voisin.

PREMIER VOISIN
Non point, Gautier, c'est pour Aubin,
Le gendre au maire.

DEUXIÈME VOISIN
Aubin ! Dieu lui soit débonnaire
Et doux à l'âme !

PREMIER SERGENT (*s'adressant au deuxième voisin, pendant que le premier continue sa route*)
Qui dit-il qui est trépassé ?
Je n'ai pas entendu le nom.

DEUXIÈME SERGENT
C'est Aubin, qu'avait pris pour gendre
Guillaume, maire de Chivy.
Ce matin encor je le vis
Sain et dispos.

PREMIER SERGENT
Dieu ait de son âme pitié !

Certainement c'est grand dommage,
Car il était beau, jeune et sage.
DEUXIÈME VOISIN
A ce pas nous faut tous aller !
Adieu, ami !

Le bailli conçoit des doutes sur les causes de cette mort soudaine, et se rend à la maison mortuaire pour faire une enquête. Mais auparavant nous assistons à la mise en bière.

LE VOISIN
Voici un coffre bel et net,
Maire, que vous fais apporter,
Pour ce corps en terre porter
Honnêtement.
GUILLAUME
Mets-le à terre doucement,
Ami, pour que point ne se brise.
Vous deux, mettez ce corps dedans.
Pas sur la face, sur le dos !
Mes bons amis.
UN PORTEUR
Laissez faire, bien sera mis.
Vous, portez-le par ce bout-là,
Et je porterai par deçà.
Ho ! déposons.
LE VOISIN
C'est mis. Que bon lui soit Jésus
A l'âme, et doux !
LE PORTEUR
Qui me payera d'entre vous
Pour mon portage ?
GUIBOUR
Moi, mon ami ; tiens, pour lui prie !
Voici trois blancs.
LE PORTEUR
Jésus-Christ, qui est roi puissant,
Lui donne à l'âme vrai pardon !

Si jamais n'étais moins payé
Pour les besognes que je fais,
De robe neuve me verrais
   Bientôt vêtu.

La scène de l'enquête du bailli est particulièrement saisissante.

LE BAILLI
Dieu veuille sa paix et sa grâce
   Sur vous répandre !

GUILLAUME
Et sur vous aussi, monseigneur,
   Par sa bonté !

LE BAILLI
J'ai peine, maire, en vérité,
Du malheur qui vous a frappé.
Et je voudrais vous demander
Comment a été si tôt pris.
Avait-il quelque maladie ?

GUILLAUME
Seigneur bailli, jamais depuis
Que notre fille lui donnâmes,
Ni lui ni autre ne trouvâmes
Qui nous dît qu'il eût aucun mal.

LE BAILLI
D'autant moins je puis m'expliquer
Qu'il est ainsi mort. Et vous, femme,
En savez-vous rien, par votre âme ?
A-t-il été en compagnie
Où on lui ait fait vilenie ?
   Dites-le-moi :

GUIBOUR
Non, seigneur bailli, par ma foi !
Mais grandement je m'émerveille
Comment ainsi soudainement
   Est trépassé.

LE BAILLI (*s'adressant aux sergents*)
Allons, vous deux, ici venez.

Découvrez-moi tôt cette bière !
Et son suaire en tel manière
Décousez, que voir je le puisse
De la tête jusqu'à la cuisse,
Pour en être mieux hors de doute.
Il me faut, avant qu'on l'enterre,
    Tout constater.

PREMIER SERGENT

Seigneur, promptement le ferons.
Allons ! ce couvercle levons,
Gobin, et puis le décousons,
    Puisqu'ainsi est.

DEUXIÈME SERGENT

Je déferai cette couture.
Seigneur, ai-je assez décousu,
    A votre avis ?

LE BAILLI

Découvrez-moi bien tout le haut,
Que je voie et gorge et poitrine.
Holà ! saisissez-vous sur l'heure
De mère, de fille et de père.
Nier ne peuvent qu'on ne l'ait
Assassiné, la chose est claire.
Voyez comme a la gorge noire !
Il est sûr qu'on l'a étranglé.
Faites tôt, et, sans plus parler,
Les mains en croix et par derrière
Leur liez, et en tel manière
Les emmenez com chiens en laisse.
Nous saurons bien la vérité !

La fin de la pièce est beaucoup moins intéressante. Guibour avoue et raconte son crime, et on la condamne à être brûlée vive. Mais Notre-Dame a pitié d'elle et la protège contre le feu (1). Sauvée par ce miracle, elle se retire dans un couvent pour

---

(1) Voyez ci-dessus, p. 105.

y terminer ses jours. Cette dernière partie contient cependant une scène qui eut beaucoup de réputation au moyen âge, mais qui nous paraît surtout étrange : Jésus-Christ y célèbre en personne la messe de la Chandeleur, servi par saint Laurent et saint Vincent.

Berthequine (1).

L'un des *Miracles de Notre-Dame* est tiré du roman célèbre de Philippe de Beaumanoir, la *Manekine*. Le roi de Hongrie est veuf, et n'a qu'une fille ; en mourant, la reine lui a fait jurer de ne se remarier jamais, si ce n'est avec une femme qui lui ressemblerait de tout point. C'est ce qu'il répond à ses vassaux qui le pressent de se remarier pour avoir un héritier mâle. Mais c'est en vain qu'on cherche dans tous les pays une femme remplissant les conditions. L'un des vassaux a une idée : « Je vous conseille, dit-il au roi, pourvu que Dieu le veuille et que sainte Église y consente, d'épouser votre fille ; car aucune femme ne ressemble davantage à la feue reine. » On envoie demander l'autorisation du pape. Celui-ci réunit ses cardinaux, qui lui disent : « En tant qu'il est roi, ce n'est pas une personne commune ; à tel pot telle cuiller. Nous sommes d'avis que la dispense soit accordée. » Ainsi fut fait. Mais quand la fille du roi connaît les desseins de son père, elle se coupe une main. Le roi, furieux, ordonne qu'elle soit brûlée vive. Peu de

---

(1) N° 29 de la *Collection des Miracles*.

temps après, il apprend que son ordre a été exécuté, et aussitôt il en éprouve un grand remords. En réalité, — mais le roi ne le saura qu'à la fin de la pièce, — le bûcher n'a brûlé personne, la jeune fille a été sauvée par un chevalier compatissant, qui l'a mise en mer sur un bateau (comme la reine Osanne dans le Miracle dont nous parlerons plus loin).

L'auteur nous transporte alors en Écosse. Nous sommes à la cour du roi ; son prévôt lui fait le récit suivant :

    Hier, cher sire, j'étais allé,
    Avec de mes gens trois ou quatre,
    Jusques au port pour me distraire.
    Comme j'étais là, il advint
    Qu'une nacelle par mer vint
    Sans que nul ne la gouvernât,
    Sans que fût par cheval tirée,
    Sans mât, sans aviron, sans voile.
    Et elle arriva droit au port.
    M'y dirigeai sans plus attendre,
    Quand à rive la vis venue.
    N'y avait qu'une jeune fille,
    Mais je crois que c'est la plus belle
    Qu'on pût trouver en aucun lieu.
    Et ne demandez pas comment
    Elle est vêtuë richement,
    Car aucune reine terrestre
    Ne pourrait plus richement être.
    En mon hôtel je l'emmenai,
    Qui elle était lui demandai,
    Et qui l'avait ça amenée,
    Et de quelles gens était née ;
    Mais rien ne m'en a voulu dire.
    Toutefois j'ai pensé, cher sire,
    Que, s'il vous plaît, l'amènerai,

Et je vous la présenterai,
Pour sa beauté. "
LE ROI D'ÉCOSSE
Prévôt, Dieu vous donne santé !
Puisque si belle est que vous dites,
Faites vite et l'allez chercher.

La présentation a lieu devant la reine mère, qui, dès le début, manifeste son aversion pour la nouvelle venue.

LE ROI
Levez-vous, levez, demoiselle !
Soyez ici la bienvenue.
Grand joie ai de votre venue,
Dieu m'est témoin.
LA JEUNE FILLE
Mon cher seigneur, honneur et joie
Et vie allant de bien en mieux
Vous donne Dieu de paradis,
Par son plaisir !
LE ROI D'ÉCOSSE
Levez-vous ! Savoir je désire,
M'amië, d'où vous êtes née,
Et qui vous a ci amenée
En cette terre.
LA JEUNE FILLE
Renoncez à vous enquérir,
Sire, pour Dieu ! de mes ancêtres,
Ni de quelles gens je puis être.
Dieu m'a mis en terre étrangère ;
Une autre fois me fera mieux,
Quand lui plaira.
LE ROI D'ÉCOSSE
Sûrement faire le voudra.
Au moins me direz votre nom ;
Je tiens que de gens de renom
Vous êtes née.

LA JEUNE FILLE

Cher sire, j'ai nom Berthequine.
Maintenant vous supplie en grâce
Que plus rien ne me demandiez,
Car par moi rien plus n'en saurez,
Ni vous, ni nul.

LE ROI

Je m'en tiendrai dorénavant.
Pour cela ne vous tourmentez.
— Mère, je veux que vous l'ayez
En votre garde.

LA MÈRE DU ROI

Si elle-même ne se garde,
Fils, je ne la pourrais garder.
Et ce point seule la regarde,
Si elle est sage.

LA JEUNE FILLE

Dame, s'il plait à Dieu, mon cœur
A mal faire ne tournera.
Comme chambrière suis prête
A vous servir.

LE ROI

Non pas ainsi, m'amië chère,
Mais vous serez sa demoiselle,
Jusqu'à ce que bonne nouvelle
Il vous arrive.

LA JEUNE FILLE

Que Dieu veuille s'en souvenir !
Cher sire, il m'en est bien besoin.
Mais ne peut être, suis trop loin
De mon pays.

LE ROI

Si loin en êtes, de par Dieu !
Il se pourrait que vous ayez
Des amis, que pas ne savez,
Bien près de vous.

LA JEUNE FILLE

Ceux que j'y ai, Dieu les protège
De mal, de peine et de souffrance !

> Et vous, cher sire, le premier,
> Pour ce que de moi vous a plu,
> Ce me semble, me recevoir
> En votre grâce.
>
> LE ROI
>
> Il n'est rien que pour vous ne fasse.

La première entrevue du roi d'Écosse et de Berthequine est loin d'avoir la même grâce dans le roman original. Le roi y interpelle la jeune fille en ces termes :

> « Belle, fait-il, de votre terre
> Voudrais près de vous m'enquérir,
> D'où vous êtes et de quel gent.
> Dites-le moi, et sachez bien
> Qu'aucun mal ne vous en viendra,
> Car vous aurez à votre gré
> Tout ce qui plaire vous pourra. »
> La jeune fille lui répond :
> « Sire, tous ceux qui bien me font
> Grand mérite y peuvent avoir ;
> Car pauvre suis, sans nul avoir,
> De pays étranger venue
> Toute seule par mer salée,
> Comme malheureuse chétive
> Et plus triste chose qui vive,
> Celle qui voudrait ne pas être,
> S'il plaisait au bon Roi céleste !
> Que plus rien on ne me demande,
> Car j'aimerais mieux être en bière
> Que de raconter mon malheur.
> Plutôt mourir que le conter. »
> Et pendant qu'elle ainsi parlait,
> Le roi la regarde et il voit
> Les larmes des yeux qui lui coulent.
> Comme à regret la voit pleurer,
> Il l'a à la reine envoyée.

C'est seulement plus tard que nous voyons naître et croître, dans le roman, l'amour du roi et la haine de sa mère pour l'étrangère. L'obligation d'adapter les événements à la scène, en les condensant, a été pour notre vieil auteur dramatique une heureuse contrainte.

Après son entrevue avec Berthequine, le roi va prendre un peu de repos, et laisse la jeune fille avec sa mère. Celle-ci a rongé son frein pendant le tendre dialogue. Restée seule avec l'inconnue, elle la traite d'intrigante, de sauvage et de manchote, lui reproche d'aspirer à l'amour de son fils, et la fait fondre en larmes. Le roi revient sur ces entrefaites:

LE ROI
Qu'est-ce là? Qu'avez, Berthequine,
Pour pleurer ainsi? Je vous prie,
Dites-le-moi.

LA JEUNE FILLE
Cher sire, ce n'est pas sans cause
Que je pleure et fais triste mine.
Céans on ne me chérit guère,
Ce m'est avis.

LE ROI
Et qui? Dites-le-moi bien vite,
Savoir le veux.

LA JEUNE FILLE
Sire, ne me plains de personne.
Mais ma chère dame m'a dit,
Votre mère, avec grand dépit,
Qui me fait être si osée
Que de vous je pense être aimée.
Certainement, mon seigneur doux,
Jamais n'y pensai, Dieu le sait!
Je ne sais si elle me hait;
Mais manchote m'a appelée,
Et en courroux m'a reproché

Qu'on ne sait rien de ma famille,
Qui elle est ni elle peut être.
Et tels paroles mal me font,
A ce point qu'en moi tout se fond
  Mon cœur en larmes.

LE ROI

Par ma tête ! Avant que le terme
De huit jours, non pas de dix, passe,
Si j'ai encore assez de vie,
Qualité et nom vous aurez.
Tout ce qu'elle a dit oubliez,
De grâce, douce Berthequine.
D'Ecosse je vous ferai reine,
  Je vous le jure.

LA JEUNE FILLE

Sire, ma naissance est trop basse ;
Tel état ne m'appartient pas.
Et que diront tous vos barons,
Si une infirme vous prenez ?
Ils diront qu'êtes hors de sens
  D'agir ainsi.

LE ROI

A qui que la chose déplaise,
Vous aime tant, de bonne amour,
Qu'il sera fait et sans retard.

Le mariage s'accomplit, et plusieurs mois se passent. Puis, le roi d'Écosse, apprenant qu'il doit y avoir un grand tournoi à Senlis, s'embarque pour la France. Pendant son absence, la reine met au monde un bel enfant. Mais peu de temps après, grâce à un artifice infernal de la reine mère, qui fait tenir au prévôt une fausse lettre du roi, on s'apprête à faire périr par le feu la jeune reine et son fils.
Elle se lamente :

Eh ! très douce Vierge Marie,
Je ne crois qu'il soit femme en vie

> Plus infortunée que moi.
> Eh ! doux roi d'Écosse, et pourquoi
> M'avez vouée à telle mort ?
> Encor, si seule je mourais,
> N'en serais pas si désolée.

Elle embrasse son fils :

> Mais de cette douce rosée,
> Qui est un si pur innocent,
> Vous avez pu l'ordre donner
> Qu'avec sa mère il soit brûlé !
> En y pensant, le cœur me fend
> De douleur. Ah ! mon doux enfant !

Elle embrasse encore son fils, et supplie qu'on leur laisse à tous deux la vie sauve, qu'on lui permette d'aller, comme une pauvre femme, chercher sa vie et celle de son enfant loin de l'Écosse. Le prévôt a pitié d'elle et se décide à l'abandonner sur mer. La voilà donc, pour la seconde fois, livrée aux caprices des flots dans un bateau sans avirons ni gouvernail. Cette fois, Dieu la conduit sur la côte d'Italie. Elle aborde, et rencontre un sénateur, qui lui apprend qu'elle est à Rome ; il s'intéresse à elle, la conduit à sa femme et la prend à son service comme cellérière.

Cependant le roi d'Écosse, à son retour de France, est instruit de ce qui s'est passé pendant son absence. Il décide qu'il ira par le monde à la recherche de sa femme et de son fils, et qu'il commencera par se rendre à Rome, en pèlerinage, pour demander le secours de Dieu. — De son côté, le roi de Hongrie part pour Rome, afin de se confesser au pape et de demander pardon à Dieu d'avoir ordonné la mort de sa fille. Tous nos personnages se rencontrent, naturellement, et la reine d'Écosse tombe dans les bras de son mari et dans ceux de son père. On a trouvé dans la rivière une main qu'on apporte au pape : cette main est celle de la reine, qui a été miraculeusement conservée et amenée là. Par un nouveau miracle, lorsque le pape l'approche du bras de la reine, elle s'y ressoude, et il semble que jamais elle n'ait été coupée. « Il nous faut, dit le pape, nous rendre à ma chapelle pour remercier Dieu. » Et tout le monde quitte la scène, à la suite du pape et de ses chapelains qui chantent une hymne à la louange de Notre-Dame.

La reine Berthe (1)

L'auteur du miracle de *Berthe* suit le roman célèbre d'Adenet le Roi (xiiie siècle) : Berthe au grand pied était fille du roi de Hongrie, Floire, et de la reine Blanchefleur. Demandée en mariage par le roi Pépin, elle part pour la France, accompagnée de son cousin Tibert et de deux serves, la mère et la fille : cette dernière, nommée Aliste, ressemblait extraordinairement à sa maîtresse. Profitant de la ressemblance, les deux serves et Tibert ourdissent un complot contre Berthe. Le soir du mariage, on réussit à écarter la nouvelle reine, et on lui substitue Aliste ; le lendemain, on met un couteau entre les mains de Berthe, on la pousse dans la chambre

---

(1) N° 31 de la *Collection des Miracles*.

de Pépin, et, la faisant passer pour Aliste, on l'accuse d'avoir voulu tuer la reine. On l'entraîne aussitôt loin de Pépin, qui la condamne à mort sans l'entendre. Le traître Tibert la conduit dans la forêt du Mans pour l'exécuter ; mais au moment où il va la percer de son épée, les sergents qui l'assistent sont émus de pitié, la délient et la laissent aller. Abandonnée dans la forêt, elle erre tout le jour, et, le soir, s'endort de lassitude sur la terre dure. Pendant son sommeil, Dieu et Notre-Dame viennent la réconforter ; par reconnaissance pour ce secours divin, elle fait vœu de ne jamais dire à personne qui elle est, si ce n'est pour sauver son honneur. Elle rencontre le voyer Simon, et implore sa pitié ; elle lui raconte que, battue par sa marâtre, elle s'est enfuie de la maison de son père. Simon la conduit dans sa maison, où elle est chaleureusement accueillie par sa femme Constance et ses deux filles Aiglante et Isabeau.

SIMON

Où êtes-vous, dites, Constance ?
Cette fille-ci vous présente.
Toute éplorée et moult dolente
Je l'ai trouvée en la forêt.
Mourant de faim et tremblante est
De la froidure qu'elle a eu,
Car elle a dans le bois couché.
Je la crois de bonne famille.
Je vous prie, occupez-vous vite
De la soigner.

Constance s'empresse près de la nouvelle venue.

CONSTANCE

Soyez ici la bienvenue.

Dites-moi, quel est votre nom,
    Ma douce amie?
                BERTHE
Chère dame, on m'a nommée Berthe
    Dès mon enfance.
                CONSTANCE
Comme vous, la reine de France,
Qu'a nouvellement épousée
Le roi Pépin, Berthe se nomme.
Berthe, en tout ce que nous pourrons,
Mon amië, vous aiderons.
Aiglante, et vous, fille Isabeau,
Il faut de moi vous approcher.
Nous allons coucher cette femme
    Ci dans ce lit.
                ISABEAU
Avec grand plaisir le ferons.
Çà! ma sœur, avec moi prenez.
Vous, mère, les pieds soutenez
Devant ; ensemble la levons
Doucement, sans lui faire mal ;
    N'en a besoin.

On la couche, on la couvre avec soin, et les deux filles restent à travailler près du lit, tandis que Constance va dévider de la soie pour elles.

Quand elle est reposée, Berthe demande à se lever.

                BERTHE (*s'adressant à Constance*)
Grâce à vous, je me sens bien mieux.
Lever me veux, et, s'il vous plaît,
Vous me laisserez travailler
Un tant soit peu, pour me distraire,
Ainsi qu'ont travaillé vos filles.
Ce que j'en sais me fut appris
Par ma mère, qui en était
    Grande ouvrière.

ISABEAU

Voyons donc comment, mon amie,
Là-dessus vous travaillerez,
Et quelle besogne y ferez,
Je vous en prie.

BERTHE

Dame, volontiers m'y mettrai.
Si je ne fais si bien que vous,
Ne m'en veuillez pas, je vous prie.
Je ferai ce que je saurai,
Et puis je vous le montrerai.

Au bout d'un instant :

Voyez mon œuvre.

ÉGLANTE

Montrez-nous. Mais c'est très bien fait !
C'est œuvre de bonne ouvrière ;
Je veux être votre apprentie,
Berthe, mon amië, vraiment.
Mère, ne souffrez nullement
Que d'avec nous jamais s'en aille !

CONSTANCE

Berthe, si voulez demeurer
Avec nous, vous serez soignée
Comme mes filles.

BERTHE

Ma dame, je demeurerai
Avecque vous, de bon vouloir,
Et vous promets qu'à mon pouvoir
Votre honneur et votre profit
Garderai, par Dieu qui me fit !
N'en doutez point.

Cependant la reine Blanchefleur entreprend le voyage de France pour voir sa fille. A cette nouvelle, grand émoi parmi les traîtres ; ils tiennent conseil, et décident que la fausse Berthe feindra d'être gravement malade, qu'on tiendra les fenêtres closes, qu'elle se gardera de parler, et qu'on empêchera Blanchefleur de s'approcher d'elle.

Sur sa route, Blanchefleur fait la rencontre de pauvres gens qui se plaignent de sa fille et qui la maudissent : « Comment, se dit-elle, ma fille peut-elle être ainsi haïe de tout son peuple, elle qui, en Hongrie, était aimée et bénie de tout le monde ! »

Quand elle apprend que Berthe est malade, elle se fait aussitôt conduire à sa chambre, et y pénètre malgré Tibert, qui essaie vainement de l'arrêter.

BLANCHEFLEUR
Qu'est ceci ? Ne sais comment faire.
Ne puis à ma fille parler
Ni jusques à son lit aller ?
Je veux prendre le frein aux dents,
Et la porte je forcerai !
Laissez-moi, laissez-moi, Tibert,
Ma fille voir.

TIBERT
Dame, sachez qu'on la prépare.
Pour Dieu, veuillez attendre un peu
Qu'elle soit couchée en son lit
Et arrangée.

BLANCHEFLEUR
Par Dieu ! c'est de la simagrée ;
Veuillez ou non, j'y entrerai
Tout maintenant, et la verrai,
Car il me plaît.

LA SERVE (*mère de la fausse Berthe*)
Pour Dieu, dame, sans faire bruit,
Veuillez un peu vous retirer ;
Le parler lui est plus contraire
Qu'on ne peut dire.

BLANCHEFLEUR
Je saurai s'elle dort ou veille,

Puisque je suis ici, vraiment.
Eh ! Qu'est-ce là ? Fille, comment
Vous sentez-vous ?

ALISTE (*la fausse Berthe*)

Faiblement ! Soyez bienvenue,
Ma très douce et ma chère mère.
Pour Dieu ! que fait Floire mon père ?
Il m'est pénible, le sait Dieu,
Que ne puis vous recevoir mieux,
Et faire fête.

BLANCHEFLEUR

Fille, ne me puis réjouir,
Quand à ce point êtes malade.
Mais cette chambre est si obscure
Qu'on aurait beau vous regarder,
Nul ne saurait vous reconnaître.
Que veut ce dire ?

ALISTE

Dame, la clarté m'est nuisible,
Ont déclaré les médecins,
Et le parler m'est trop contraire.
Veuillez un peu vous retirer,
Dame. Dieu vous soit favorable !
Tourner me faut, car trop je souffre
Sur ce côté.

Tibert et la serve veulent entraîner Blanchefleur, mais elle les repousse.

BLANCHEFLEUR

Eloignez-vous ! En vérité,
Ce n'est pas là ma fille Berthe,
Qui me fait si mauvais accueil ;
Car, eût-elle été demi-morte,
Si près d'elle elle m'avait su,
Son mal, quel qu'il fût, n'aurait pu
De m'embrasser la retenir.
Mais sur l'heure je le saurai ;

Sans plus tarder, je vais tirer
Tous ces rideaux.
LA SERVE
Eh ! pour Dieu, pitié, dame chère !
D'agir ainsi vous avez tort ;
Votre fille mettez à mort,
Je vous le dis.
BLANCHEFLEUR
Vieille, point ne m'arrêteras !

Elle arrache la couverture :

Eh ! Dieu, ce ne sont pas les pieds
De Berthe, bien les connaissais ;
Plus grands étaient de quatre doigts.
Ah ! bonnes gens, je suis trahie.
Certes, tu n'échapperas mie,
Serve, déloyale traîtresse !

Le roi et ses gens accourent au bruit. On arrête Tibert et la serve, qui sont réduits à avouer leur crime et qui sont aussitôt condamnés à mort. Quant à Aliste, on lui permet de se retirer dans un couvent, et Blanchefleur, désolée, reprend la route de Hongrie.

Quelque temps après, le roi Pépin, étant en chasse dans la forêt du Mans, s'éloigne de ses gens en poursuivant un cerf ; il fait la rencontre de Berthe, à laquelle il se présente comme le maître d'hôtel du roi, et qui, pour se défendre de ses galanteries, se voit obligée de lui dire qu'elle est la femme du roi Pépin. Mais, une fois en sûreté, elle prétend qu'elle a menti, et le voyer Simon n'en peut rien tirer de plus. Pour éclaircir le mystère, Pépin envoie un messager au roi Floire.

LE MESSAGER

Je ne crains point de cheminer ;
Par ci m'en vais droit en Bourgogne,
Puis à travers le Dauphiné
Il me faut à Milan venir,
Et de Milan droit à Venise :
Cette route j'ai bien apprise,
Parce qu'autrefois je l'ai faite.
Mais, pour me donner plus de force,
Veux ici prendre un picotin,
Non pas d'avoine, mais de vin,
Et prendrai un morceau de pain
Et de viande, qu'ai sur moi.
C'est fait. Maintenant je n'ai plus
Qu'à boire à même ma bouteille.
Par saint Josse, c'est là bon vin.
Remettre me veux en chemin,
Puisque j'ai bien bu et mangé ;
De ma fatigue ai pris revanche,
Rien ne pourra plus m'arrêter.
Je vois là le roi de Hongrie,
Avec la reine Blanchefleur,
Je vais les saluer sur l'heure.

Instruits des événements, le roi Floire et la reine Blanchefleur partent pour la France. Le roi Pépin les conduit à la demeure du voyer Simon, et Berthe se jette aux pieds de ses parents ravis. Pépin est au comble de la joie ; sur son ordre, on va chercher les ménétriers, qui accompagnent le cortège royal jusqu'au Mans, où on célébrera une fête qui durera huit jours entiers.

La reine aux trois fils (1).

Les scènes de reconnaissance avaient un grand succès. Nous en avons vu des exemples dans le miracle de la Fille du roi d'Espagne et dans celui de Berthe ; nous en trouverons d'autres dans le miracle de la Reine aux trois fils. La reine Osanne, femme du roi d'Aragon Thierri, a mis au monde trois jumeaux ; sa belle-mère, qui la hait, ordonne à la demoiselle d'honneur, seul témoin avec elle de l'événement, de faire périr les trois enfants, et elle présente au roi, en leur place, trois jeunes chiens. Le roi, courroucé, livre sa femme à sa mère pour être tenue dans la plus dure captivité, car il ne veut plus la voir. Cependant la demoiselle se laisse attendrir par les sourires (sic) des enfants, et, au lieu de les tuer, elle les abandonne dans la forêt en les recouvrant de fougère et d'herbes vertes. Ils sont recueillis, et élevés comme leurs fils, par deux braves gens, un charbonnier et sa femme. Douze ans après, le roi, s'étant égaré dans une chasse, se dirige vers la maison du charbonnier, dont il voit briller la lumière dans le lointain. Il frappe à la porte, et c'est un des enfants qui vient ouvrir.

LE ROI
Ouvrez, ouvrez, valet ou maître,
Cet huis ouvrez.
LE PREMIER FILS
Qui est là, qui ?

---

(1) N° 32 de la *Collection des Miracles.*

> *(S'adressant au charbonnier)*
> Père, attendez !
> Restez assis, j'irai savoir
> Qui c'est.
> *(S'adressant à l'inconnu)*
> C'est du charbon, seigneur,
> Que demandez ?

LE ROI

> Te le dirai bientôt, beau fils (1).
> Dieu soit céans ! Je veux ce soir
> Ici coucher.

LE CHARBONNIER

> Très cher seigneur, votre plaisir
> Ferons, nous y sommes tenus.
> Soyez donc le très bien venu !
> De vous servir nous tâcherons.
> *(Reconnaissant le roi)*
> Par Notre-Dame ! Qui vous mène,
> Sire, à cette heure ?

LE ROI

> Un sanglier j'ai tant chassé,
> Que j'ai mes gens abandonné
> Et me suis au bois égaré,
> Tant j'ai le sanglier traqué,
> Et sans le prendre !

LA CHARBONNIÈRE

> Renier, faites-moi donc savoir
> Qui est cet homme ?

LE CHARBONNIER

> Dame, par saint Pierre de Rome,
> C'est le roi notre cher seigneur.
> Honneur lui faites la plus grande
> Que vous pourrez.

---

(1) « Fils » est ici un terme d'amitié, sur l'effet duquel l'auteur a dû certainement compter en le mettant dans la bouche du vrai père de l'enfant.

LE PREMIER FILS
Sire, vos éperons dorés
Vous veux ôter.
LE SECOND FILS
Quel beau surcot je vois ici !
Regarde, frère, dis-je vrai ?
Par mon âme ! En voudrais avoir
Un tel pour moi.
LE TROISIÈME FILS
J'en voudrais aussi, par ma foi !
Je le revêtirais demain.
Quelle chose est à votre main,
Sire, si belle ?
LE CHARBONNIER
Chacun de vous aura taloche,
Si du roi ne vous écartez.
Vous êtes ennuyeux, allons !
Fuyez d'ici.
LE ROI
Laissez-les, pour l'amour de Dieu !
Voici plus de trente ans entiers
Qu'enfants ne vis si volontiers
Comme ceux-ci.
LE CHARBONNIER
Sire, ne leur dirai plus rien,
Puisque vous y prenez plaisir.
Mais je craignais en vérité
Que ne fussiez importuné
De ce qu'ils font.
LE ROI
Non point, car je trouve qu'ils sont
Si gracieux qu'on ne peut mieux.
D'eux regarder ne puis mes yeux
Soûler assez.
LA CHARBONNIÈRE
Et maintenant, très cher seigneur,
Venez souper, s'il vous agrée :
Le repas est tout préparé
Que mangerez.

LE ROI

Dame, ce que me donnerez
En gré prendrai.

LA CHARBONNIÈRE

Nappe blanche vous étendrai,
Cher sire, elle vaudra un mets.
J'espère que prendrez en gré
Ce qui vous sera présenté.
Jamais je n'eus cœur si joyeux
Comme l'ai de votre venue.
— Tiens, mon fils, tiens cette serviette.
— Et toi, à laver donneras,
Avec ce pot que verseras
Dessus ses mains.

LE ROI

Versez. Dieu vous rende prud'homme
Beau fils, et saint Pierre de Rome !
Oh ! il suffit.

LE CHARBONNIER

Certes, jamais autant n'en fit.
Excusez-le, sire, pour Dieu !
Çà, seyez-vous, sire, en ce lieu,
C'est votre place.

LE ROI

Volontiers, puisqu'il faut que fasse
Ci mon souper.

LE CHARBONNIER

Jamais vous n'eûtes le pareil,
Cher sire, je dois bien le croire.
— Dame, à manger sans plus tarder
Ci apportez.

LA CHARBONNIÈRE

Tout de suite, ayez patience.
Tenez, Renier.

LE CHARBONNIER

C'est bien ! Çà ! je veux découper
Devant vous, sire ; c'est raison
Sans doute. Voici un oison
Fin, gras et tendre.

LE ROI

Ce morceau-ci j'essayerai,
Et puis j'en dirai mon avis.

Après avoir goûté :

Il est très bon, je vous assure ;
J'en veux manger.

LE CHARBONNIER

Prenez-en sans crainte, seigneur ;
Il est né dans cette maison.
Et voici du vin de ma cave,
Dont, quand il vous plaira, boirez.
Aujourd'hui d'autre vin n'aurez,
Car je n'en pourrais point trouver
Sans qu'il me fallût cheminer
Plus de trois lieues.

LE ROI

Tout est bon quand on a grand faim ;
N'ayez de moi aucun souci.
Versez du vin, je veux en boire.
Mais m'en avez trop peu donné :
Cet oison-là m'a appétit
Donné de boire.

LE CHARBONNIER

Cher sire, c'est bien naturel.
Tenez, et buvez en santé !
Car j'ai appris à le connaître,
Et bon me semble.

LE ROI

Hôte, je vous tiens pour prud'homme,
D'avoir en cave de tel vin.
Il est sain et net, clair et fin.
Mais je demande où sont ces fils ?

LA CHARBONNIÈRE

Les voilà. Çà ! venez tous trois,
Et faites belle contenance.
Près l'un de l'autre vous placez,
Et ôtez-moi ces chaperons ;
Ne fait pas froid.

LE ROI
Beaux hôtes, ne me mentez pas !
Qui sont ces enfants ? Sans mentir
Je ne puis croire qu'ils soient vôtres.

Le charbonnier raconte alors comment, douze ans auparavant, il a trouvé les trois petits abandonnés, et comment il les a élevés. A ce récit, le roi ne peut s'empêcher de pleurer, et le charbonnier, craignant de l'avoir offensé, se jette à ses genoux.

Et quoi ! sire, pleurer vous vois !
Pour Dieu, pardon ! Excusez-moi,
Si contre votre majesté
J'ai fait ni dit quoi que ce soit :
Nul mal n'y pense.
LE ROI
Non, mon ami, mais me souvient
D'un fait qui vers ce temps advint,
Et auquel je ne puis penser
Sans que de pitié je ne pleure.

Cette scène n'est-elle pas exquise dans sa simplicité ? L'idée en est charmante, et elle est conduite avec beaucoup d'art. Nous sommes séduits par la bonhomie et l'émotion du roi, par la franche et naïve honnêteté du charbonnier et de sa femme, et par la grâce des enfants, qui, à la vue d'un beau seigneur, sentent se réveiller en eux le goût inné du luxe aristocratique.

Le roi emmène à sa cour, à Saragosse, le charbonnier et sa femme et les trois enfants ; puis il fait comparaître la demoiselle sur le témoignage de laquelle il a jadis condamné la reine (sa mère est morte depuis longtemps, frappée par Dieu d'une mort terrible et soudaine en punition de son double crime, car elle a aussi donné l'ordre de tuer sa belle-fille et a raconté au roi qu'elle était morte dans sa prison). La demoiselle fait des aveux, et son récit, rapproché des souvenirs du charbonnier, ne laisse aucun doute sur la qualité des enfants.

Le bonheur du roi et celui des spectateurs ne seraient pas complets si la reine ne se retrouvait aussi. Elle avait dû être jetée à la mer ; mais les gens chargés de cette mission, touchés par ses larmes, l'avaient simplement abandonnée au gré des flots dans un batelet sans perche ni voile ni aviron.

> Si elle doit être sauvée,
> Dieu en fera sa volonté ;
> Et nous nous serons acquittés
> De notre fait.

Saint Michel, sur l'ordre de Dieu, a conduit la barque jusqu'au port le plus voisin de Jérusalem, et la reine Osanne s'est placée comme servante chez un hôtelier. C'est là que le roi la retrouvera, car il se rend avec ses fils au Saint-Sépulcre pour s'acquitter d'un vœu, après une victoire. Quand il arrive, Osanne est seule à la tête de la maison, l'hôtelier et sa femme étant partis en pèlerinage après la lui avoir confiée, et étant morts en route.

En voyant arriver le roi chez elle, Osanne est saisie d'effroi, car elle ignore qu'il connaît maintenant son innocence.

> Beau seigneur Dieu, pitié ! Que faire ?
> En quel façon vais-je pouvoir
> M'arranger ? Car voici le roi
> D'Aragon, bien le reconnais

Et à sa mine et à sa voix.
Certes, morte suis s'il me voit.
Mais en secret, dedans ma chambre,
Je vais mettre un tel couvrechef
Et couvrir ma face et mon chef
Qu'il pourra bien longtemps attendre
Avant que puisse me connaître.

Cependant le roi, en se mettant à table, exprime le désir d'avoir ses hôteliers à sa table, et ordonne à son fourrier Pille-Avoine (1) d'aller les chercher :

Seigneurs, je veux que l'on me fasse
Venir mon hôte et mon hôtesse.
Avec moi je veux les avoir.
Pille-Avoine, va les chercher.

PILLE-AVOINE

Votre commandement ferai,
Sire, mais n'aurez que la dame.

LE ROI

Pourquoi?

PILLE-AVOINE

Parce qu'est veuve femme ;
Dit le vous ai.

LE ROI

Peu m'importe ; va sans délai,
Fais-la venir.

Lorsque Pille-Avoine l'invite, au nom du roi, à venir s'asseoir à sa table, Osanne répond d'abord qu'elle vient de dîner ; puis elle se décide, quand on lui dit que le roi y tient beaucoup.

LE ROI

Mon hôtesse, pour cette fois,
Je veux que seyez devant moi ;

---

(1) Le nom est plaisant ; les fourriers étaient coutumiers de voler l'avoine.

Car quand femme à ma table vois,
    J'en suis plus aise.

OSANNE

Sire, je vous pri qu'il vous plaise
    Que ne m'y mette.

LE ROI

Vous y mettrez, et resterez
Tout aussi longtemps comme nous.
Allons ! Pensez à bien manger,
Et faites bonne chère, dame.
Comment avez nom ? Par votre âme !
    Dites-le-moi.

OSANNE

Servante, sire, en bonne foi ;
Parce que volontiers je sers
Grands et petits et francs et serfs,
    Servante ai nom.

LE ROI

C'est pour vous un noble renom,
Et dont mieux valoir vous devrez.
Eh quoi ! Dame, pourquoi pleurez ?

OSANNE

Certes, sire, mourir voudrais
Quand me souvient de mon mari,
Qui mort est ; j'ai le cœur marri,
    Je n'en puis mais.

LE ROI

Point n'en parlerai désormais.
Je vois que n'êtes pas en joie,
Et de votre douleur m'afflige.

Le repas est fini ; on enlève la table, et on apporte au roi le bassin et la serviette. Il invite l'hôtesse à se laver aussi les mains, et comme elle enlève son anneau, il le reconnaît pour celui qu'il a donné jadis à Osanne.

LE ROI

Dame, cet anneau qu'ici vois,
Vous plaira-t-il de me le vendre ?
Dites, m'amië, sans attendre.
S'il vous plaît, je l'achèterai,
Et sachez vous en donnerai
  Plus qu'il ne vaut.

OSANNE

Sire, point ne le demandez.
Car, pour l'amour d'un chevalier,
Qui le m'a, sire, en vérité
Donné, — et en cette cité
Encore est, — je le garderai.
Jamais certes ne le vendrai
  Jour de ma vie.

LE ROI

D'où il lui vint je ne sais mie ;
Mais une fois je le donnai
A une dame que j'aimai,
Qui de ce monde est trépassée.
Que puisse vivre en paradis
De gloire avec les saints son âme !
Car c'était une noble dame.
Mais ma mère par trahison
La fit mourir et sans raison.
Ces trois fils eut, et en un jour
Les enfanta, la bonne et belle !
Certes, quand il me souvient d'elle,
Le cœur tant me serre et m'oppresse,
De pleurer ne me puis tenir.
Ah ! Osanne, très chère sœur,
Pour vous souvent j'ai grand douleur
  Au cœur, amie !

OSANNE *(se découvrant)*

Ah ! sire roi ! je vous défends
De pleurer, ne le puis souffrir.
A découvert vous veux offrir
Ma face et à vous tous ensemble

> Suis-je Osanne ? Que vous en semble ?
> Dites-le-moi.

Suit une scène d'attendrissement. Puis le roi ordonne de faire venir ses ménestrels pour jouer et ses clercs pour chanter, et tout le monde, au son de la musique, repart pour l'Aragon. « Ici, dit le texte, les ménestrels jouent et les acteurs s'en vont. »

Robert le Diable (1).

Le duc de Normandie a un fils, Robert, qui se conduit en véritable brigand. Dès son enfance, ses camarades l'avaient surnommé « le Diable ». Avec ses compagnons d'orgies, Brise-Godet, Rigolet, Boute-en-Courroie, Lambin, il parcourt la Normandie, pillant les riches et les moines, et commettant mille méfaits. La pièce débute par quelques scènes de brigandage vivement conduites. En voici un exemple.

On arrive à la demeure d'un riche paysan, que Brise-Godet a signalé à ses amis. Robert frappe à la porte :

> Qui dort céans ?
>
> LE PAYSAN
> Nul, qui soit debout ni séant,
> Ici ne dort, par ma foi, sire.
> Que voulez-vous ? n'y a que moi
> Dans la maison.

(1) N° 33 de la *Collection des Miracles*.

BRISE-GODET (*s'adressant à Robert*)
C'est le seigneur de céans, maître,
 Que vous ai dit.

ROBERT

Prenez-le-moi, sans contredit.
Liez-lui les pieds et les poings,
Et faites vite de tout point.
 Rien n'est de mieux.

LE PAYSAN

Au nom du haut Seigneur qu'est Dieu,
Beaux seigneurs, merci je vous crie !
Je ne crois pas qu'à nul de vous
J'aie encore fait aucun mal,
Ni que jamais vus je vous aie,
 A mon avis.

ROBERT

Eh ! ne dis point telles sottises,
Allons, montre-nous le trésor
Que tu as fait d'argent et d'or,
Ou tu mourras de tel façon
Que je te couperai la tête
 A cette place !

LE PAYSAN

Ne doutez point que je ne fasse
Ce que voudrez, sans contredire.
Pour Dieu ! venez le voir, beau sire ;
Volontiers le vous montrerai.
Ce coffre je vous ouvrirai :
 Regardez, sire

ROBERT

Qu'y a-t-il là ? Il faut le dire.
 Sont-ce florins ?

LE PAYSAN

Ce sont anges et moutons fins,
Et voici tous parisis d'or ;
Ici d'autre monnaie encor,
 Qu'est bonne et belle.

LAMBIN

As-tu d'argent point de vaisselle
　　Nulle autre part ?

LE PAYSAN

Non point, sire, que Dieu me garde !
Si ce n'est ces six gobelets
Qui point ne sont guère brillants,
　　Vous voyez bien.

ROBERT

Çà ! Rigolet, avance, tiens !
Ces gobelets et ces sacs-ci
Me garderas. Et toi aussi,
Lambin, prends ceci dans ta main.
(*S'adressant au paysan*)
Sais-tu ce qui en est, vilain ?
Dis merci à la compagnie,
De ce que te laissons la vie.
　　Allons nous-en !

LE PAYSAN

Seigneurs, je pri Dieu bonnement
Qu'il vous tienne tous en santé,
Et qu'à la fin par sa bonté
　　Merci vous fasse !

Cependant les seigneurs de la contrée viennent se plaindre au duc de Normandie. Ils l'invitent à mander son fils, et s'il ne veut revenir à de meilleurs sentiments, à le faire jeter en prison. Le duc envoie à Robert deux messagers, Huchon et Pierron. « Que voulez-vous ? » leur dit Robert.

PIERRON

Cher sire, je le vous dirai.
Mon seigneur le duc votre père,
Et ma dame aussi votre mère,
Vous salue, et le duc vous mande
Et vous prie, ou plutôt commande

Qu'en ce cas lui obéissiez
Que d'à lui venir ne laissiez
    Sans nul retard.

        ROBERT

Dites-moi, par l'aide de Dieu !
Savez-vous point pourquoi me mande ?
Grand chose pas ne vous demande :
    Répondez-moi !

        HUCHON

Nous ne savons pas bien pourquoi,
Mais tout ce que nous pouvons dire,
C'est que les plus grands barons, sire,
Du pays sont venus à lui,
Et sachez qu'il n'y a celui
Qui contre vous ne porte plainte,
Et l'ont supplié qu'il y veuille
    Remède mettre.

        ROBERT

Et vous voulûtes vous charger
De me porter ce beau message !
   (Se tournant vers ses complices)
Çà, seigneurs, vite, prenez-moi
Ces deux hommes-là, je le veux !
Et crevez à chacun l'œil droit,
    Sans nul répit.

        LAMBIN

Maître, par la Vierge honorée,
Bientôt, puisque le commandez,
Ce sera fait : n'attendrez guère.
Brise-Godet, avance, viens :
De celui-ci te charge, tiens,
L'autre aurai vite expédié.
Allons, bel ami, assieds-toi
    A cette place.

        PIERRON

Ah ! cher sire, par votre grâce,
Tels que nous sommes nous laissez.

Pour Dieu ! que vous ne nous fassiez
  Crever les yeux

ROBERT

Taisez ! Vous en dormirez mieux
Quand serez en vos lits couchés.
  (S'adressant à ses complices)
Faites vite, et les dépêchez
  Comme j'ai dit.

BRISE-GODET

Sur l'heure, et sans aucun délai,
Puisqu'on m'a celui-ci livré,
Je saurai bien l'expédier
  Sans long discours.

LAMBIN

J'ai aussi tôt, ce m'est avis,
  Fait comme toi.

HUCHON

Hélas ! malheureux : plus ne vois !
  Ah ! quelle angoisse !

PIERRON

Dieu ! plus rien je ne reconnais !
En ma tête quelle douleur !
  Que vais-je faire ?

ROBERT

Seigneurs, partez, congé vous donne.
Si je vous ai ainsi traités,
C'est par dépit du duc mon père,
  Dites-le-lui.

Les deux malheureux s'éloignent tout meurtris, en disant de Robert : « C'est un diable tout enragé ! »

Devant ce nouveau crime, le duc prend le parti de bannir son fils, et Huchon va crier le ban par les villes de Normandie :

  Ecoutez tous ! Vous fais savoir,
  De par le duc de Normandie,
  Que de sa duché pour ses vices

Robert le Diable et ses complices
Il bannit. Que chacun se peine
De le prendre et les gens qu'il mène,
Et de les mettre en fort prison !

La nouvelle de son bannissement exalte les mauvais sentiments de Robert.

ROBERT

Ah ! Tête-Dieu ! Comment peut c'être
Que mon père, par grand outrage,
Me bannit de son héritage ?
Mal lui en pourra bien venir !
Ainsi faisant, croit-il de moi
Venir à bout ? En vérité,
Il sait peu quelle volonté
J'ai ! Car si j'ai jusqu'à ce jour
Fait le mal, encor ferai pis
Désormais toute ma vie !

Il aperçoit une maison où des ermites vivent ensemble. « Qui vous a ici réunis ? » demande-t-il.

UN ERMITE

Sire, nous y sommes pour Dieu
Prier et servir jour et nuit,
Pauvres ermites !

ROBERT

Peu m'importe ce que vous faites !
Plus ici ne demeurerez,
Mais sur l'heure tous vous mourrez.
Tiens ! Reçois ce coup sur ta face !
Toi, que dis-tu de mon épée ?
Es-tu pressé de m'échapper ?
Tiens cela, passe, suis les autres !
Et toi, tiens ! Prends-moi ce coup-là ;
Je ne hais rien tant, par le monde,
Que de tels gens ! Dieu vous confonde !

C'est fait, tous vous ai dépêchés !
Plus vous n'aurez besoin de livres,
Que vous fussiez ou clercs ou lais !
Puisqu'êtes morts, ici vous laisse,
Et je vais ailleurs me distraire.

Il apprend par un passant que la duchesse de Normandie se trouve tout près, au château d'Arques, et que le duc est à la chasse. Il est pris du désir de voir sa mère, et se dirige vers le château. Quand les écuyers de la duchesse voient s'avancer le terrible Robert, vêtu de fer, l'épée nue au poing, ils prennent la fuite, devant ce « diable d'enfer », et la duchesse elle-même se précipite vers sa chambre pour s'y réfugier avec sa demoiselle d'honneur. Robert, pour la première fois, se sent ému.

ROBERT

Certes, je vois, sans en douter,
Que le monde me hait à mort,
Et Dieu aussi : il n'a pas tort !
Chacun me fuit, chacun s'éloigne ;
Je dois avoir honte et vergogne
Des grands méfaits, de tous les crimes,
Dont je me suis l'âme souillé !
Ma mère elle-même me fuit,
    Et j'en ai deuil !

Il arrête la duchesse dans sa fuite, et la supplie de lui parler, de lui dire, si elle le sait, comment il se fait qu'il ne puisse s'abstenir de mal faire. Il apprend alors, de la bouche de sa mère, qu'un jour, désolée de ne pas avoir d'enfant, elle a proféré ce blasphème : « Puisque Dieu me refuse un enfant, que le diable m'en donne un ! » Et il est né à la suite de ce vœu impie.

Plus de doute, c'est sous l'inspiration du diable que Robert a commis tous ses crimes. Il s'en repent aussitôt, et prend la résolution de se rendre près du pape pour lui confesser ses péchés.

Il commence par essayer de convertir ses compagnons de folie, et, comme ils se moquent de lui, il les met à mort. Arrivé près du pape, il se jette à ses pieds, malgré les sergents, qui le frappent pour l'écarter, et il lui requiert confession. « Qui es-tu ? » demande le pape.

ROBERT

Fils suis du duc de Normandie,
Mais je me répute et sais bien,
Sire, que je vaux pis qu'un chien,
Tant suis à Dieu abominable !
Robert ai nom, surnom de Diable.
Pour Dieu, veuillez me conseiller,
Ou perdu suis !

« Tu es donc, dit le pape, ce Robert dont on parle tant, et dont nul ne pourrait compter les crimes ! » Puis il écoute sa confession, et le renvoie à un ermite, qui habite sur les bords du Rhône, pour en recevoir sa pénitence. Robert se remet en route, trouve l'ermite, et celui-ci, sur l'ordre de Dieu lui-même, donne au pécheur repentant la pénitence suivante : il devra contrefaire le fou, avec une massue au cou, ne pas parler plus qu'un muet, et ne manger d'autre nourriture que celle qu'il pourra enlever aux chiens.

ROBERT

Si je puis ainsi être quitte
Des péchés mortels que j'ai faits,
Loué soit le doux Roi des cieux
Et de la terre !

Nous avons ensuite une succession de scènes où nous voyons Robert exécuter fidèlement sa pénitence. Une fromagère, qui vient d'étaler ses fromages au marché, le voit venir et en a peur :

LA FROMAGÈRE

Ho! Je vois ci venir un fou
Qui à mon panier rit des dents,
Pour les fromages qui dedans
Sont. Mais, par le grand saint Germain!
Avant qu'il y mette la main,
D'ici je vais les enlever,
Et ailleurs vendre les irai.
Il me pourrait bien d'un fromage
Ou de plus d'un faire dommage ;
  D'ici m'en vais.

Deux passants s'arrêtent pour s'amuser de lui :

PREMIER COMPAGNON

Compagnon, vois donc les allures
De ce fou, et sa contenance.
D'une main saute et d'un pied danse,
Assez follement se démène.
De lui, ami, approchons-nous
Pour ouïr les mots qu'il dira ;
Je crois que rire nous fera
  Un bon moment.

DEUXIÈME COMPAGNON

Je le veux bien, avançons-nous.
Aussi ne vis-je, par saint Gille,
De longtemps fou en cette ville.

  (S'adressant au fou)
Comment as-tu nom, Gillebert ?
  (A son compagnon)
Par mon âme, il paraît stupide.
Tire-toi un peu en arrière,

Je lui vais donner par derrière
De mes cinq doigts un bobelin (1).
(*Au fou*)
Regarde-moi donc, Robelin :
Qui t'a frappé ?

PREMIER COMPAGNON

Pas plus qu'un âne mort de coups
Il ne dit mot. Que veut ce dire ?
Vois donc comme il se prend à rire !
Qu'a-t-il donc pu trouver de bon ?
Je le veux farder de charbon,
Il paraîtra plus beau garçon.
(*Au fou, après lui avoir frotté le visage de charbon*)
Or va, tu n'auras plus si laid
Le visage comme il était.
Si le bien que t'ai fait savais,
Tu me dirais un grand merci.
(*A son compagnon*)
Regarde : est-il pas bien noirci
Par le visage ?

DEUXIÈME COMPAGNON

Oui, par Dieu ! Que vais-je lui faire !
Je vais mettre sous son chapel
Ce vieux lambeau de draperie,
Et lui tirerai le toupet.
(*Au fou*)
Viens par ici, Jobin Tripet ;
Pour te rendre encor plus joli,
Je te ferai porter bannière
Avec ce drap.

Ils finissent par avoir pitié de lui.

DEUXIÈME COMPAGNON

J'ai pitié de sa folle mine,
Et de ce qu'il ne parle goutte.
Mais il pleure ! Regarde donc.

(1) Un coup de pied.

Le vois-tu ? C'est fait, il s'enfuit.
Il nous a longtemps amusés
Et divertis.
PREMIER COMPAGNON
Tu dis vrai. Avec moi viens-tu
Pour boire un coup ?
DEUXIÈME COMPAGNON
Volontiers ! Par Dieu, allons-y !

En poursuivant sa route, Robert s'approche de l'empereur, dont on vient de servir le repas.

L'EMPEREUR
Seigneurs, qui nous a envoyé
Cet homme que je vois venir ?
Entre mille est beau bachelier.
Mais il me semble qu'il est fou ;
C'est grand dommage, par saint Paul.
Appelez-le sans plus tarder,
Et puis donnez-lui à manger
Ici devant.
PREMIER CHEVALIER
Çà, mon ami, avancez-vous.
Comment êtes vous appelé ?
Dites-le, et ne cachez rien
A l'empereur.
DEUXIÈME CHEVALIER
Il montre bien à sa manière
Qu'il est vraiment tout à fait fou.
Il nous a fait la moue à tous,
Et puis s'en va ses pas comptant.
Le voici revenir trottant,
Portant à son cou sa massue.
De la peine qu'il a lui sue
Tout le visage.
L'ÉCUYER DE L'EMPEREUR (*s'adressant à Robert*)
Mon ami, bon êtes et sage.
Asseyez-vous un peu ici :

Je vous servirai de mon mieux.
Tenez, mon ami, et pensez
    A manger bien.

Robert, fidèle à sa pénitence, ne touche pas aux mets qu'on lui sert ; mais, lorsque l'empereur jette un os à son chien Louvet, il se précipite pour le lui disputer.

L'EMPEREUR
Louvet, Louvet, tiens, Louvet, tiens :
    Ronge cela.

PREMIER CHEVALIER
Regardez ; il va vers le chien.
Nul doute, il veut lui prendre l'os,
Et le chien le retient des dents
    A toute force.

DEUXIÈME CHEVALIER
De le lui ôter il s'efforce,
Mais le chien tire et se défend.
Nous avons là un bon débat,
    Et bien à rire.

L'ÉCUYER
Si fort que des dents le chien tire,
Tire encore plus fort le fou.
Ho ! l'a si bien pris par le cou
    Qu'ôté lui a.

PREMIER CHEVALIER
Or voyons s'il le lui rendra
    Par quelque tour.

DEUXIÈME CHEVALIER
Non point, d'après ce que je vois ;
Car autour de l'os il travaille
A manger la chair qu'il y trouve.
Sera-t-il encor si sensé
Que, quand la chair aura mangé,
    Au chien l'os donne ?

L'EMPEREUR

Laissez-le manger à sa guise.
Il fait comme vrai fou qu'il est.
Tiens, tu auras ce pain, Louvet.
Louvet, tiens, tiens.

Robert arrache encore le pain au chien, mais il en casse un gros morceau, qu'il lui laisse. Puis on le voit qui suit le chien partout ; l'écuyer est chargé par l'empereur de ne pas le perdre de vue, et il vient bientôt annoncer que le fou s'est couché à côté du chien, sous l'escalier. L'empereur lui fait porter draps, coussins et couverture, mais Robert repousse tout. « A-t-il au moins de la paille sous lui ? » demande l'empereur.

L'ÉCUYER

Oui, très cher sire, et un bon tas.
Quand vis que de lit ne voulait,
Je lui donnai beaucoup de paille ;
Là dedans se sont entassés
Lui et le chien.

Sur ces entrefaites, un messager vient annoncer à l'empereur que les païens ont envahi sa terre, et il convoque son arrière-ban. Dieu fait dire à Robert, par l'ange Gabriel, qu'il se rende dans un pré voisin où coule une source : il trouvera là des armes blanches, qu'il revêtira, et il ira combattre les païens ; c'est là qu'il viendra aussi se désarmer secrètement après le combat, et s'armer de nouveau en cas de besoin.

La bataille s'engage, le chevalier blanc fait des prodiges de valeur, et les païens sont repoussés. Pendant que l'empereur et ses chevaliers se félicitent de la victoire, ils voient venir Robert, qui a repris son costume de fou. Il a le visage ensanglanté : « Sans doute, disent les chevaliers, pendant que nous combattions contre les païens, il s'est battu avec les enfants. » L'empereur voudrait savoir quel est le chevalier qui l'a si bien aidé à chasser les païens.

L'EMPEREUR

>Mais, or ça, qui me saura dire
>Qui a ce chevalier été,
>Qui, par sa prouesse et bonté,
>En la bataille nous a mis
>Au-dessus de nos ennemis ?
>   Qui le dira ?

A ce moment, la fille de l'empereur, qui est muette, s'approche et montre le fou. L'empereur ne comprend pas ce signe, et en demande l'explication à la maîtresse de sa fille.

LA MAITRESSE

>Elle vous montre, très cher sire,
>Que c'est ce fou-là, mal vêtu,
>Qui s'est pour vous si bien battu,
>Et tant a fait que Sarrasins
>Sont déconfits et mis à fin.

Naturellement, on n'en veut rien croire. L'empereur reproche à la maîtresse de sa fille de la rendre stupide, et les renvoie toutes deux. Cependant les païens reprennent l'offensive ; l'empereur recommande à un des siens, si le chevalier blanc reparaît, de ne pas le perdre de vue et de savoir qui il est.

Robert reparaît, en effet, et c'est grâce à sa vaillance que les païens sont une seconde fois mis en fuite. Le chevalier, qui s'est chargé de le surveiller, le suit au moment où il se retire, et, comme il refuse de s'arrêter, lui donne un coup de lance à la cuisse ; mais la lance se rompt, le fer reste dans la blessure et le chevalier blanc s'échappe. Puisqu'il est blessé, ce n'est pas un ange, comme on inclinait à le croire. Pour le retrouver, l'empereur fait crier partout qu'il donnera sa fille, avec la moitié de son empire, à celui qui viendra armé d'armes blanches, qui rapportera le fer de la lance, et qui pourra montrer la plaie de sa cuisse.

En pareille circonstance il y a toujours un traître qui essaie de profiter des avantages offerts. Le sénéchal, qui n'a pas paru à la bataille, car il n'aime pas l'empereur, se commande secrètement une armure blanche, se blesse lui-même à la cuisse, et se présente avec un fer de lance. Sa ruse est sur le point de réussir, le pape en personne va célébrer les fiançailles du sénéchal et de la fille de l'empereur, lorsque celle-ci recouvre subitement la parole.

LA FILLE DE L'EMPEREUR

Père, ne croyez point ce traître.
Dieu, par qui sommes tous créés,
Ne veut souffrir sa menterie ;
Pour ce, m'a le parler rendu,
Qu'à ma naissance j'ai perdu.
Pensez-vous qu'il ait la bataille
Mise à fin ? Non, ce n'est pas lui,
Mais un autre, ami vrai de Dieu.
Quand je le montrais tout à l'heure,
De vous ne pouvais être crue ;
Je vous dis vrai.

Elle raconte alors qu'elle a vu à deux reprises le

chevalier s'armer dans le pré, à côté de la source ; elle l'a vu ôter un fer de lance de sa cuisse et l'enfouir dans la terre. Quant à ses armes blanches, elle ne sait ni d'où elles venaient ni ce qu'elles devenaient ; on en perdait la vue dès qu'il était désarmé.

On va creuser la terre à l'endroit indiqué, et on retrouve le fer, qui s'adapte parfaitement au bois de la lance.

LE PAPE
Amie, faites-nous savoir
Où est cet homme.
LA FILLE DE L'EMPEREUR
Sire, par saint Pierre de Rome,
Je tiens que, si vous le cherchez,
Avec Louvet, chien de mon père,
Le trouverez.

Le pape et l'empereur trouvent en effet Robert couché tout près du chien. Le pape lui adresse la parole : « Je suis le pape de Rome ; parlez-moi, je vous prie. » Mais Robert lui fait la grimace et le bénit avec un os. L'empereur n'a pas plus de succès :

L'EMPEREUR
Mon ami, montre-moi ta cuisse,
Dont tu cloches, et je serai
Celui qui guérir te ferai
Avant un mois.

Ici Robert fait, avec une paille, le geste de se battre avec l'empereur.

Mais on voit arriver l'ermite du Rhône, à qui Dieu a ordonné de se rendre à Rome pour mettre fin à la pénitence de Robert.

####### L'ERMITE

Robert, Robert, bien vous connais...
Parce que sans faillir avez
Supporté votre pénitence,
Dieu, dans sa bonté infinie,
Veut qu'elle soit en vous finie
Et que vous parliez désormais ;
Car tous vos péchés vous pardonne.
Avec ce, licence vous donne
De reprendre l'état d'honneur
    De chevalier.

####### ROBERT

Ah ! Seigneur Dieu, agenouiller
Me veux, et te remercier
Et louer et magnifier,
Quand j'ai, par ta miséricorde,
Acquis vers toi paix et concorde
    De mes méfaits !

Il voudrait se consacrer à Dieu, mais l'ermite lui commande d'épouser la fille de l'empereur.

####### L'ERMITE

Robert, sache, Dieu a voulu
Autrement de toi ordonner.
Ecoute, il te mande par moi
Que la fille de l'empereur
Tu prennes sans délai pour femme ;
Car de vous sortira lignée
Telle, dit-il, (écoutez tous !)
Dont tout paradis aura joie.

Le pape invite tout le monde à se rendre dans son palais, où sera célébré le mariage, et les clercs, en chantant, précèdent le cortège.

Pierre le Changeur (1).

Cette pièce s'ouvre par une scène curieuse, où plusieurs mendiants causent entre eux, en attendant la pratique.

>DIDIER, *premier pauvre, d'abord seul*
>Dieu me donne bonne rencontre
>Aujourd'hui ! Car si pauvre suis
>Que je n'ai ni pain ni argent.
>Donnez à Didier, bonnes gens,
>Pour que vos péchés Dieu pardonne !

Mais les gens passent sans s'arrêter, et Didier poursuit :

>Las ! je ne trouve qui me donne,
>Et ne sais où me diriger.
>Vais sur la place me distraire
>Et m'asseoir là-bas au soleil.

Arrivé sur la place :

>Il est encore de bonne heure ;
>Ici un peu m'arrêterai,
>Et les compagnons attendrai,
>Avec qui le temps passerai
>Jusqu'à grand messe.
>MENAIT, *deuxième pauvre*
>Bonjour, Didier ; mais dis-moi, qu'est-ce
>Qui t'a si matin amené ?
>Quelqu'un t'a-t-il déjà donné

(1) N° 36 de la *Collection des Miracles*.

DIDIER

Non point, Menait, mon ami cher.
Je n'eus hier soir de quoi souper,
C'est ce qui m'a fait me lever
    Si matinet.

MENAIT

Tu en as le ventre plus net,
Et plus dégagé l'estomac.
N'as-tu point de pain dans ton sac
    Pour aller boire ?

DIDIER

Non point, ami, par saint Magloire,
Ni denier ni maille en ma bourse.
Sieds-toi ici, vaille que vaille,
Près de moi ; un peu causerons
Et puis quêter nous en irons
    De par la ville.

MENAIT

Soit donc ! Ho ! Voici venir Gille
L'étique, qui vient ci nous voir.
Gille, viendrez-vous vous asseoir
    Avecque nous ?

GILLE

Oui bien, Menait, mon ami doux,
Et pour cela même je viens.
Que bon jour vous puissiez avoir
    Tous deux ensemble !

DIDIER

Seigneur, dites-moi si vous semble
Bon mon conseil : sans plus tarder,
Prions pour tous nos bienfaiteurs,
Pour les femmes et pour les hommes,
Car sûrement tenus y sommes.

MENAIT

Didier, avec toi suis d'accord
Que des bienfaits que d'eux avons
Louer Dieu pour eux nous devons
    Et le prier.

GILLE

Dis-nous donc, Menait, qui sont ceux
Qui plus volontiers bien te font,
 Et plus souvent.

MENAIT

Je le dirai si tu promets
 D'en faire autant.

GILLE

Je le promets, et après toi
 Les nommerai.

MENAIT

C'est bien. Pensez à les compter,
Vous deux, quand je vous les dirai.
Premièrement vous nommerai
Une dame déjà vieillotte,
Qui est veuve et s'appelle Hugotte.
A sa maison, point n'est de jour
Où je n'aië, dès que j'y frappe,
Chair ou poisson, potage ou pain.
Que Dieu veuille ses biens accroître !
Après, souvent aussi me donne
Une sienne bonne voisine,
Qu'en paradis Dieu veuille admettre,
Que l'on surnomme la Bossue.
Riche femme est, et très cossue ;
D'elle, chaque jour de carême,
J'ai écuelle que j'estime
Et prise à plus de six deniers.
Aussi me donne volontiers
Un prud'homme qu'on nomme Hernaut
De Biscarel, Dieu le protége !
Me donne encore un bon bourgeois
Qu'on appelle Pierre le maître.
Dès qu'à sa porte me voit mettre,
Ne manque point, quel jour que soit,
Que de ses biens il ne m'envoie
 Pain ou argent.

GILLE

Quand tu as tant de bonnes gens
Pour clients, tu dois être riche.
Ne pense pas que je te triche,
Je n'ai point tant de connaissances ;
Je n'ai seulement qu'à la Pointe
Saint-Eustache un tournois par jour.
En partant de là, je m'en vais
Par les halles, au grand Godet,
Puis à Simon Triquefadet,
Qui demeure au port Notre-Dame.
De là m'en reviens à la dame
Du Châtel, la femme Raulin ;
Là ai-je du pain et du vin,
De la viande et du potage.
C'est l'hôtel où plus d'avantage
    Ai entre tous.

DIDIER

Seigneurs, et comment trouvez-vous
L'hôtel de Pierre le Changeur !
Y avez-vous jamais reçu
    L'aumône, dites ?

MENAIT

Que voilà bien question vaine !
Il est aussi vrai qu'évangile
Que n'y a si riche en la ville ;
Mais, va vite laver ta bouche,
Car du plus puant et avare,
Que nulle part savoir on puisse,
Tu viens de nous parler. Il hait
A ce point tous les pauvres gens
Que jamais piécette d'argent
Je ne lui vis donner pour Dieu.
Gillet, as-tu quelquefois vu
Qu'il ait donné denier ni maille ?
    Et toi, Didier ?

GILLE

Je vis avant-hier à sa porte
Ne sais combien de malheureux

Qui l'aumône avoir attendaient,
Mais il vint armé d'un bâton,
Et il s'en est bien peu fallu
Que ne les ait tous mis à mal.

DIDIER

Je puis vous dire qu'à sa porte
Jamais n'ai demandé l'aumône.
Mais que me voudrez-vous donner
Si aujourd'hui par mes discours
Puis de lui quelque chose avoir?

MENAIT

Eh bien! Didier, va l'essayer.
S'il te met aumône en la main,
Quelle que soit, je te promets,
Aussitôt que je la verrai,
Que de vin je te donnerai
      Pleine une quarte.

DIDIER

C'est convenu! Par sainte Marthe,
J'y vais, et ne m'arrêterai
Avant d'avoir sa porte vu.

GILLE

Va donc! Et si de sa monnaie
Ou d'autre chose il te fait don,
Ce sera, certes, grand miracle.

Didier gagne son pari; car Pierre le Changeur, dans un mouvement de colère, lui jette à la tête un pain, que le mendiant rapporte triomphalement à ses camarades, en réclamant le pot de vin promis. Menait s'exécute, et les trois mendiants se rendent à la taverne en chantant. — Après cette pittoresque exposition, l'auteur met en action l'histoire de la conversion du changeur.

Saint Alexis (1).

L'auteur du *Miracle de Saint-Alexis* a tiré un assez bon parti du vieux poème narratif consacré à la légende du saint, et qui est un des plus remarquables parmi les monuments de notre plus ancienne littérature. On sait la légende : saint Alexis quitte sa famille le soir même de son mariage et va mener la vie de mendiant loin de son pays. De retour à Rome au bout de dix-sept ans, il demande à son propre père, qui ne le reconnaît pas, un abri sous son escalier. C'est là qu'il vit encore de nombreuses années, nourri des restes de la table et exposé aux injures des passants ; au moment de mourir, il écrit, sur l'ordre de Dieu, l'histoire de sa vie, et c'est ainsi qu'après sa mort, son père, sa mère et sa femme apprennent avec la plus vive douleur qu'ils n'ont pas su reconnaître leur cher Alexis dans le misérable mendiant près duquel ils passaient chaque jour.

La scène la plus originale du Miracle (2) est celle où les serviteurs que le père d'Alexis a envoyés par le monde à sa recherche lui font l'aumône sans le reconnaître.

Les deux serviteurs, Huchon et Musehaut, viennent de faire leurs dévotions à l'église d'Edesse, et s'arrêtent un instant près des mendiants qui sollicitent à la porte la pitié des fidèles.

---

(1) N° 40 de la *Collection des miracles*.
(2) Elle est indiquée en quelques mots seulement dans le poème narratif.

HUCHON

A ces pauvres je veux aller
Et leur donner de mon argent.
Tenez, pour Dieu, mes bonnes gens.
Par toi, d'abord, commencerai,
Puis chacun de vous je suivrai ;
 Restez en place.

PREMIER PAUVRE

Celui pour qui vous me donnez
Et faites, sire, cette aumône,
La vous rende un jour sur son trône
 Au haut des cieux !

DEUXIÈME PAUVRE

Jésus, qui de la Vierge est fils,
Qui d'épines fut couronné,
Pour ce don que m'avez donné
Vous donne sur Satan victoire,
Et aux cieux couronne de gloire
 Quand mort viendra !

TROISIÈME PAUVRE

Amen ! De tout cœur je le prie
 Qu'il s'en souvienne.

HUCHON (*montrant Alexis, qui est prosterné
à côté des mendiants*)

Seigneurs, veuillez me renseigner :
Cet homme, couché sur la face,
Est-il comme vous mendiant,
Ou bien serait ce un pénitent ?
 Dites-le-moi.

PREMIER PAUVRE

Nous ne le savons, par ma foi :
Nous l'avons en ce point trouvé
Quand sommes ici arrivés.
S'il est pauvre, n'en savons rien ;
Nouvellement, je vous dis bien,
 Ici s'est mis.

HUCHON (*s'adressant à Alexis*)
Parlez-moi, parlez, mon ami,
  Je vous en prie.

ALEXIS
Seigneur, volontiers le ferai.
  Que voulez-vous ?

HUCHON
Répondez-moi, mon ami doux :
Si pour Dieu je vous veux du mien
Donner, le recevrez-vous bien
  Com mendiant ?

ALEXIS
Seigneur, quoi que vous me disiez,
Pauvre suis et pauvre veux être,
Et pour l'amour du Roi céleste
Je veux si pauvre devenir,
Que ne veux autre bien tenir
Que ma vie, et lorsque j'aurai
Quelque autre chose, au nom de Dieu
  Le donnerai.

HUCHON
Puisque votre vouloir est tel,
Ami, c'est noble pauvreté.
Prenez donc, c'est ma volonté,
Tout cet argent. Ami, tenez.
C'est pour Dieu, et le recevez
  Pour Dieu aussi.

ALEXIS
Celui pour qui vous m'avez fait
Cette aumône, un jour vous la rende,
Bien que je ne l'ai point gagnée
  Ni n'en suis digne.

MUSEHAUT
Ami, plein de dévotion
Me semblez, et d'humilité.
Aussi vous ferai mon aumône.
Tenez pour Dieu ce que vous donne,
Et au besoin vous en aidez.

ALEXIS

Seigneur, Dieu qui nous jugera,
Quand viendra la fin de ce monde,
Vous fasse si pur de tout vice
Que votre âme en sa gloire habite
Sans nulle fin !

Huchon et Musehaut s'éloignent, et Alexis rend grâce à Dieu.

ALEXIS

Beau sire Dieu, père céleste,
Au cœur plein de miséricorde,
A toi je dois bien grâces rendre
Quand j'ai pu cette aumône prendre
De mes propres gens, qui m'ont vu
Et qui ne m'ont point reconnu,
Tu l'as permis !

Quelques remarques sur les « Miracles de Notre-Dame ».

Lorsque nos vieux auteurs dramatiques font des emprunts, comme dans *Berthequine*, à la littérature narrative « courtoise », ils prennent les événements et l'intrigue, mais laissent de côté tout ce qui est analyse de sentiments (1). C'est que le public n'était pas le même pour les deux genres, tout aristocratique pour les romans, essentiellement populaire pour le théâtre. Les subtiles analyses du sentiment de l'amour, les entretiens quintessenciés des amants, qui avaient charmé le monde raffiné des cours seigneuriales, n'auraient pu avoir aucun effet sur la foule qui se pressait aux représentations dramatiques, et qui ne demandait que des faits et une action émouvante. C'est tout à fait par exception que dans un de nos Miracles (2) on entend un personnage discuter longuement avec lui-même et scruter sa conscience. Il s'agit du frère d'un empereur qui, chargé de veiller sur l'impératrice pendant l'absence de l'empereur, s'éprend follement de sa belle-sœur. Voici en quels termes, dignes de la poésie courtoise, il nous fait part de ses sentiments :

> Notre-Dame ! Qu'adviendra-t-il ?
> Mes yeux à mon cœur ont montré

---

(1) Sur les sources des Miracles de Notre-Dame, voyez Petit de Julleville, *les Mystères* (Paris, Hachette, 1880), tome II.
(2) *L'impératrice de Rome*, n° 27 de la Collection.

Si bien l'excellente beauté
De ma dame l'impératrice,
Que suis comme frappé de mort
S'il ne lui prend de moi pitié,
Et si n'obtiens son amitié.
Car renom, bonté et simplesse,
Courtoisië, douceur, largesse,
Honnêteté et avenance,
Franchise, belle contenance,
Dont elle est dame et trésorière,
Ont d'elle, de telle manière,
Par le regard mon cœur épris,
Qu'aux rets est enlacé et pris
De Désir, qui m'étreint et lace
Tant que ne sais ce que je fasse.
Car Souvenir en mon cœur manque,
Plaisance accourt, Vouloir m'assaille.
Penser m'a fait si éperdu
Que bientôt j'ai mes sens perdu,
Quand à sa beauté souveraine
Regard conduit mon cœur et mène.
Lors ne suis pas de ma soif libre,
Mais j'ai plus soif, plus je suis ivre,
D'autant plus bois que plus la vois,
Et c'est Plaisance que je bois,
Et plus la bois, plus me dessèche.
Ne sais guérir de cette ivresse.
Mais veux avoir autre pensée :
Je l'aime, est-ce bien par raison ?
Non point, mais par un sentiment
Dont je dois moi-même haïr,
Qui cherche à mon frère trahir
Et à lui soustraire sa femme.
Ce me sera trop grande honte
Si je veux à ce but aller,
Et mon temps y mettre et user.
Point ne se peut par raison faire.
Mon fou désir il me faut fuir,
Non pas désir, mais grande faute.

Dieu ! Que j'ai cœur fol et volage
D'avoir dit que je cesserai
De l'aimer ! Certes, ne ferai.
Quand mon heur me l'a destinée,
Je crois que Dieu me l'a donnée.
Mettrai ma peine à bien l'aimer.
Si Amour rend amer pour doux,
De l'amertume ne me chaut.
Aimer sans peine rien ne vaut,
On aime d'autant plus un bien
Quand on l'a plus cher acheté,
Et c'est bien employer sa peine
Quand à bonne fin on l'amène.
Ma peine, je crois, me vaudra
Que mon désir s'accomplira.
Qu'ai-je dit ? N'est-ce pas folie,
De croire que vertu soit vice ?
Trop je m'imagine tenir
Ce qui point ne peut advenir :
Que tel dame me soit amie.
Car elle ne m'aimera mie,
Plutôt se laisserait occire.
Autrement il faut que m'en tire,
Si mourir ne veux à martyre.
Ah ! Dame, où tous biens sont compris,
Amour me tient tellement pris
Pour vous, par votre beauté fine,
Qu'il me faudra perdre la vie :
N'y vois, hors vous, autre remède.

L'épopée nationale était bien mieux à la portée du peuple que l'épopée courtoise, et l'on sait que les Chansons de geste avaient sur les places publiques le même succès que dans les grandes salles des châteaux. Mais les sujets ordinaires de l'épopée nationale ne pouvaient guère être transportés sur la scène : comment représenter ces batailles merveilleuses, où les combattants se comptaient par centaines de milliers, où les soixante mille trompettes de Charlemagne répondaient au cor de Roland? Quelques-uns seulement de ces poèmes, ceux qui se rapprochaient des romans d'aventure, ont pu être adaptés à la scène, et ont fait l'objet de *Miracles* dramatiques, tels *Amis et Amile* et *Berthe au grand pied*.

Enfin l'histoire nationale a été aussi mise à contribution par nos poètes dramatiques du moyen âge : sans parler du *Siège d'Orléans*, qui appartient à la période de transition, nous avons un « Miracle de Notre-Dame », d'ailleurs assez faible, qui met en action le mariage et la conversion de Clovis.

CONCLUSION

Les conditions matérielles du théâtre au moyen âge expliquent en grande partie le caractère de nos vieilles œuvres dramatiques. Sur la place publique, devant une foule compacte, comme celle qui se presse aujourd'hui pour assister, par exemple, à un feu d'artifice le jour d'une fête populaire, il était impossible que pût naître et se développer l'art des fines intrigues et des expositions savantes. Il fallait à ce public des événements émouvants, extraordinaires, mais faciles à saisir, dont tout le détail fût placé sous ses yeux. Il n'était point nécessaire de préparer les spectateurs à voir tel personnage accomplir telle ou telle action : le fait seul pouvait être facilement saisi et seul intéressait ; les analyses de sentiments, les préparations, étaient chose superflue, comme aussi le style. On écrivait en vers, probablement pour que les acteurs improvisés eussent plus de facilité à retenir leurs rôles ; mais ces vers de huit syllabes à rimes plates pouvaient se passer de poésie.

La poésie qu'il fallait au peuple, c'était celle des événements et du spectacle. Il aimait à être transporté d'une extrémité du monde à l'autre, à voir descendre du paradis Dieu, Notre-Dame et son cortège d'anges, à voir surgir les diables de la gueule d'Enfer, à voir les reines « persécutées » ballottées par les flots sur leur nacelle sans voile et sans mât.

Nos ancêtres demandaient des aventures extraordinaires, nous les voulons vraisemblables ; ils se souciaient peu de l'exactitude historique ou géographique, nous voulons des restitutions archéologiques. Le merveilleux qu'ils goûtaient si fort nous paraît fade, nous trouvons les intrigues naïves et les conventions de la mise en scène souvent puériles. Mais qu'importe ? si, malgré tout, nos vieux auteurs ont su imaginer ou présenter des situations vraiment dramatiques et les mettre en valeur ? Or nous avons pu signaler nombre de scènes qui, aujourd'hui encore, nous paraîtraient charmantes ou puissantes. Dans quelques siècles, les goûts et les modes théâtrales auront changé, nos conventions seront peut-être, à leur tour, ridicules ; mais l'honneur de notre temps sera sauf, si nos descendants peuvent rendre à nos auteurs dramatiques le même témoignage que nous rendons à ceux du moyen âge, et séparer de la partie caduque de leurs œuvres des scènes d'une beauté vraiment durable.

Dans la période de transition entre le moyen âge et la Renaissance, apparaîtront ou se développeront des genres nouveaux, les fades *Moralités* avec leurs personnages allégoriques aux propos sentencieux, les *Soties*, où le prince des Sots (c'est-à-dire des fous) et ses sujets feront assaut de plaisanteries burlesques et d'allusions, dont un grand nombre nous échappent aujourd'hui. Les monologues, dont le Dit de l'*Herberie*, de Rutebeuf, nous offre le premier modèle connu, jouiront d'une grande vogue, les farces se multiplieront, et dans ce genre le xve siècle nous donnera un chef-d'œuvre, l'*Avocat Pathelin*. Les Mystères verront leur succès se maintenir et s'affirmer, mais prendront un développement exagéré, et ne vaudront pas notre vieux *Mystère d'Adam*. En faisant une réserve pour le genre comique, on peut donc dire que, pendant cette période, le théâtre restera stationnaire et subira plutôt un mouvement de recul.

Mais quand viendra le temps des chefs-d'œuvre, tout en faisant la plus large part à l'heureuse influence de l'antiquité, il ne faudra pas oublier que notre ancien théâtre contient le germe des qualités les plus brillantes, qu'on trouve dans *Adam* le premier exemple de ces dialogues aux réparties vives et acérées, qui ont eu dans le *Cid* leur forme la plus parfaite, et que Corneille, sans s'en douter, renouvelait une idée géniale de Jean Bodel quand il mettait sur les lèvres de Rodrigue ces vers admirables :

> Je suis jeune, il est vrai, mais aux âmes bien nées
> La valeur n'attend pas le nombre des années.

TABLE DES MATIÈRES

INTRODUCTION. — Les origines	7
I. LES PREMIERS MYSTÈRES : *Adam, la Résurrection*	15
II. LES AUTEURS DRAMATIQUES du XIIIe siècle	63
1. Jean Bodel	63
2. Rutebeuf	73
3. Adam de la Halle	78
III. LES MIRACLES DE NOTRE-DAME (XIVe siècle)	103
La fille du roi d'Espagne	109
L'empereur Julien	127
La mère meurtrière de son enfant	143
La mère du pape	153
Barlaam et Josaphat	156
Saint Ignace d'Antioche	169
Guibour	171
Berthequine	180
La reine Berthe	188
La reine aux trois fils	196
Robert le Diable	207
Pierre le changeur	224
Saint Alexis	229
Quelques remarques sur les *Miracles de Notre-Dame*	233
CONCLUSION	237

Poitiers. — Typographie Oudin et Cie.

www.ingramcontent.com/pod-product-compliance
Lightning Source LLC
Chambersburg PA
CBHW071908160426
43198CB00011B/1219